T0287710

PERIODISMO EN INTERNET

Cómo escribir y publicar contenidos de calidad en la red

Gabriel Jaraba

PERIODISMO EN INTERNET

Cómo escribir y publicar contenidos de calidad en la red

© 2014, Gabriel Jaraba

© 2014, Ediciones Robinbook, s. l., Barcelona

Diseño de cubierta: Regina Richling

Imagen de cubierta: iStockphoto

Realización: ebc, serveis editorials
Diseño de interior: Montserrat Gómez Lao

ISBN: 978-84-15256-69-4

Depósito legal: B-4722-2014

Impreso por Sagrafic, Plaza Urquinaona, 14, 7.º 3.ª, 08010 Barcelona

Impreso en España - *Printed in Spain*

A Joana y Lavinia

ÍNDICE

INTRODUCCIÓN: MODO DE EMPLEO

Cuatro preguntas y respuestas para sacar partido de este libro (¡y del dinero que has pagado por él!)

PREGUNTA: ¿Para qué sirve este libro?

RESPUESTA: Para divertirse y pasarlo bien. Hay muchas maneras de pasar un buen rato: ir de fiesta, charlar con los amigos, practicar un deporte, ver una película, bailar o escuchar música. Si hay tantos tipos de diversiones, añadamos uno más: aprender a hacer cosas y disfrutar al darnos cuenta de que el aprendizaje nos hace crecer, sentirnos más competentes y satisfechos de nosotros mismos. *Periodismo en internet* es más que una lectura: es una herramienta para nuestro desarrollo personal mediante el aprendizaje de habilidades periodísticas, comunicacionales y tecnológicas.

PREGUNTA: ¿A quién está dirigido?

RESPUESTA: A todos. Bueno, a todos no; pero a por lo menos a unos cuantos. A los estudiantes de periodismo o comunicación que quieren potenciar sus conocimientos. A personas interesadas en la actualidad, deseosas de comunicar y hacerse oír. A internautas que desean ir más allá del correo electrónico y les apetece intervenir en la red y aportar contenidos de calidad. A profesionales consolidados e interesados en adoptar las nuevas tecnologías de la información. A cualquier persona con inquietudes culturales que ha descubierto que internet es un inmenso campo de aprendizaje y acción. Todas estas personas son mucha gente, y con una cosa en común: creen que la comunicación es un bien positivo y que comunicar mejor es vivir mejor.

PREGUNTA: ¿Y qué voy a aprender en este libro?

RESPUESTA: todo lo que tiene que saber un periodista para actuar en internet y publicar contenidos de calidad, usando las mejores herramientas. Aprenderás a escribir como un periodista, a mirar lo que sucede con criterios de actualidad y a convertir los materiales de información, opinión y divulgación que recopiles en contenidos de calidad. A convertirte en un internauta activo, en un comunicador eficaz y a ganar protagonismo en las redes sociales. Y a construir tu propio cibermedio, bien trabado con las redes sociales que utilices.

PREGUNTA: ¿Aprender todo eso cuesta mucho?

RESPUESTA. No. O sí. Depende de tu entusiasmo. Hay un modo de hacerlo: empieza por el principio y acaba por el final. Cada capítulo es una lección gradual que te introduce a unas habilidades y competencias, te explica cómo adquirirlas y te induce a practicarlas. Solo necesitas atención, paciencia y motivación, es decir, las cualidades imprescindibles para realizar con éxito cualquier cosa que te propongas en la vida.

Paso a paso

1. Lee cada capítulo relajadamente, con tu refresco favorito y el ordenador conectado a internet a mano. Disfruta de la lectura

y los descubrimientos que harás con ella: una tarea no es necesariamente un trabajo.

2. En muchos párrafos hallarás, además de explicaciones y descripciones, recomendaciones para hacer cosas: llévalas a la práctica inmediatamente y no las dejes para más tarde.

3. Verás también breves epígrafes que explican cómo llevar a cabo determinadas habilidades («Empieza a practicar»), cosas a descubrir («Tienes que ver esto»), conocimientos a incorporar («Es imprescindible que sepas») y medios prácticos que emplear («Herramientas útiles»). Prueba y experimenta.

4. De vez en cuando vuelve sobre tus pasos y revisa los capítulos que ya has leído. Fíjate si las cosas que has aprendido en capítulos ulteriores hacen que lo que ya habías visto antes tome un nuevo relieve. Date cuenta entonces de cómo vas mejorando.

5. Pon en práctica todas y cada una de las cosas que te propongo en el libro. Disfruta haciéndolo. Goza de los nuevos amigos, conocimientos y experiencias que irás incorporando.

6. Y si tienes cualquier duda, no entiendes algo o deseas saber un poco más, contáctame en www.gabrieljaraba.com.

1

INTERNET, ESPACIO SOCIAL Y PLATAFORMA PARTICIPATIVA

Cómo la red puso el periodismo patas arriba y nos regaló una oportunidad de oro.

Vivimos en la era de la comunicación: nuestra vida está cada vez más ligada a la información, mediante las nuevas tecnologías y porque nuestros entretenimientos y modos de socializar giran en torno a lo comunicativo. No solo los jóvenes que tienen en su teléfono móvil un cordón umbilical que les une con sus amigos y sus gustos, o los futboleros (¡y futboleras!) que consumen tertulias deportivas o se arrojan sobre las clasificaciones que publica la prensa los lunes por la mañana; las personas mayores o las hospitalizadas tienen en la televisión un acompañante insustituible. La comunicación se usa para consumir contenidos y también para otras cosas: los documentales de naturaleza y animales que alguna cadena emite en la sobremesa son utilísimos como fondo para echar una buena siesta. La televisión cumple el papel que otrora tuvo la chimenea y su fuego reconfortante; la radio es compañía fiel para el pastor en los prados o el vigilante del aparcamiento, y el periódico, compañero ideal del desayuno porque además no se te come el cruasán.

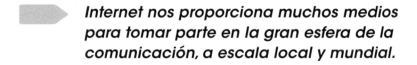 ***La comunicación es hoy el centro de nuestras vidas. Todos somos usuarios de la comunicación. Pero además, ahora somos comunicadores en potencia.***

Muchas personas, sobre todo jóvenes, desean incorporarse a la corriente comunicativa general como profesionales, o por lo menos tomar parte en ella con mayor o menor protagonismo: interviniendo en debates o foros, usando las redes sociales, subiendo vídeos a la red, publicando blogs o grabando podcasts. De ese deseo surgen muchas vocaciones periodísticas, y unas se canalizan hacia la profesionalización, a menudo pasando por las facultades de ciencias de la comunicación, y muchas otras se convierten en lo que podríamos llamar amateurismo profesionalizado, y valga la contradicción (aparente).

Internet nos proporciona muchos medios para tomar parte en la gran esfera de la comunicación, a escala local y mundial.

He escrito «contradicción aparente» porque la contradicción no es tal. Internet ha marcado una nueva época en la era de la comunicación y ha puesto patas arriba la mayoría de las cosas que se daban por sentadas en este campo. Una de ellas es que ha arrebatado la exclusiva de la iniciativa en la información a los periodistas profesionales. No solo eso; ha obligado a la industria de la información a replantearse de raíz su negocio, y además en una época de crisis en la que los ingresos por publicidad de los medios caen en picado. Y empuja igualmente a los periodistas a cuestionarse la naturaleza, medios y formas de su profesión. Surge una paradoja: cuando la información se ha convertido en la cima de la monumental pirámide de la sociedad de la comunicación, son los profesionales de esta quienes se hallan más perplejos respecto a su papel y cómo ejercerlo.

Y por esa rendija se cuela una nueva generación de comunicadores, impulsada por las posibilidades que ofrece la llamada web 2.0, o web social, y sus herramientas, que son interactivas, participativas y abiertas. La red es de todos y el usuario es el rey. Y de esos reyes, los que llevan la corona mejor puesta son los jóvenes. Ellos han sido los primeros en apropiarse de la red y quienes nos indican ya cómo será su uso en el futuro.

Entre esos jóvenes existen muchos que desean comunicar, explicarse, informar, hacer algo más con la red que relacionarse y divertirse. Son los candidatos a acceder a un nuevo fenómeno, el llamado «periodismo ciudadano», expresión que inventó Dan Gillmor, un periodista de California, Estados Unidos, que abandonó su puesto profesional en un diario para convertirse en abanderado de una nueva corriente que muchos preferimos llamar «periodismo participativo», que promueve el ejercicio de la información a cargo de cualquier persona que se lo proponga y que, por supuesto, sea capaz de hacerlo con las condiciones suficientes para que sus materiales interesen, respondan a hechos veraces y estén redactados con solvencia.

Muchos, quizás la mayoría de los estudiantes de periodismo y comunicación están convirtiéndose, durante su formación, en esos periodistas participativos, en espera de su profesionalización definitiva y a modo de preparación para ella. Pero esta puerta está abierta también para quienes, sin proponerse llegar a ser periodistas profesionales, desean convertirse en comunicadores dignos de ser escuchados. En este libro les mostramos cómo hacerlo. Y a los estudiantes de periodismo y comunicación les ayudamos a utilizar mejor herramientas y medios que pueden poner en sus manos un alto potencial profesional.

 Internet no nos hace automáticamente periodistas pero nos da medios para convertirnos en comunicadores dignos de ser escuchados.

Para saber más

Los medios somos las personas
El libro que hizo famoso a Dan Gillmor es *We, the media* (Nosotros, los medios). No está traducido al español pero si lees inglés puedes verlo en línea en http://oreilly.com/open-book/wemedia/book/

Sí que tienes en español otra obra con el mismo título pero de otros autores, Shayne Bowman y Chris Willis, que desarrolla el tema (y está prologada por el propio Gillmor). Descárgala en PDF (70 páginas) en http://www.hypergene.net/wemedia/download/we_media_espanol.pdf

Esa internet capaz de convertirnos a todos en comunicadores ha sido llamada web 2.0, una aséptica expresión que esconde el enorme potencial de la red interactiva y participativa. La transformación tecnológica de la red de redes ha hecho de ella no solo un medio sino una plataforma y ha colocado en su centro al usuario. La internet incipiente era un medio de solo lectura; la web 2.0 es la internet que se lee y se escribe. Y cuando hablamos de escribir me refiero al conjunto de la expresión humana —texto, voz, imagen— que se puede comunicar a través de un medio.

Internet como medio, pues, nos permite no solamente utilizarlo para informarnos sino para comunicarnos. E internet como plataforma nos da la posibilidad de actuar, organizar, emprender iniciativas, relacionarnos, y cualquier otra actividad humana que pueda ser inducida por la comunicación. Ser capaces de introducir contenidos de calidad en internet, materiales informativos y elementos periodísticos dignos de consideración significa ser capaces de ampliar el alcance y la dimensión de nuestra experiencia humana y social.

 Internet es medio y plataforma a la vez. Nos permite, por primera vez en la historia, intervenir, participar, informar, crear opinión y promover cooperación.

El impacto de internet en la sociedad ha repercutido con mucha fuerza en la industria de la comunicación y en el periodismo. Las empresas informativas ven con inquietud cómo se transforma radicalmente su modelo de negocio, sin que sean capaces de obtener las ganancias de otro tiempo y a menudo, de detener un flujo constante de pérdidas. Los periodistas se encuentran, al mismo tiempo, con que se reducen las plantillas de los medios, se modifican a la baja las condiciones de trabajo y se transforma profundamente su profesión. Las dos características principales de esa transformación son:

▶ La pérdida de la exclusiva en la publicación de información, del tratamiento de la misma y de la gestión de la mediación comunicativa.

— Es decir, los periodistas ya no somos los únicos que intervenimos informativamente en el espacio público; hay unos nuevos actores que deben ser tenidos en cuenta. Y esos nuevos actores surgen de entre nuestro público, o incluso de fuera del alcance que tenían nuestros medios.

▶ La conversión de lo que era una comunicación en una sola dirección en una comunicación de dos direcciones.

— Lo que significa que ahora el público que consumía pasivamente lo que otros producían tiene ahora la capacidad de responder. Eso significa que si el periodista quiere mantenerse tendrá que empezar a escuchar y tener en cuenta lo que dicen (por lo menos) y a menudo responder y dialogar (eso cuesta aún más).

La doble exclusiva perdida por los medios de comunicación es pues la exclusiva de la publicación de informaciones y la exclusiva del monólogo en el mensaje informativo.

¿Qué pueden aportar, en esa nueva situación, las personas que intervienen en la red como nuevos agentes informativos?

▶ Información apegada al terreno, que refleja más fielmente lo que sucede en las distintas realidades que viven las personas más diversas.

▶ Hechos y puntos de vista que no están contemplados por las agendas informativas tradicionales de los medios, demasiado sujetas a lógicas institucionales, políticas, empresariales o profesionales.

▶ Centros de interés innovadores, que aportan nuevas perspectivas a realidades ya conocidas y que abren el panorama a otras realidades nuevas.

🔹 Presencia de nuevos actores en el panorama informativo y comunicacional, que no son tan nuevos sino los ciudadanos de siempre que se encuentran ahora en condiciones de participar y reclaman hacerlo.

🔹 Concepto y cualidad de conversación en la comunicación y la interacción. La conversación estructura la aportación de información, datos, relatos, opiniones y experiencias en dinámicas de comunidades.

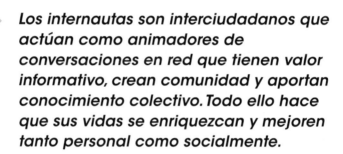

Los internautas son interciudadanos que actúan como animadores de conversaciones en red que tienen valor informativo, crean comunidad y aportan conocimiento colectivo. Todo ello hace que sus vidas se enriquezcan y mejoren tanto personal como socialmente.

Las cinco grandes rupturas que internet ha introducido en la comunicación

La ruptura que internet ha supuesto en la información se concreta en cinco aspectos que sirven para explicar el alcance del fenomenal cambio que ello ha supuesto:

Información siempre disponible (ruptura del tiempo y de la periodicidad).
Antes, para enterarte de las noticias tenías que esperar a que saliera el periódico. O la hora de emisión de los informativos de televisión o radio. Ahora la red proporciona información continua disponible de manera permanente.

Todo disponible en todas partes (ruptura del espacio y de la disponibilidad).
Para disponer de un medio informativo había que estar dentro de su área de cobertura. Si el periódico no llegaba a tu pueblo no lo leías; si un estado dictatorial prohibía la entrada al país de una publicación extranjera te quedabas sin ella. Si te interesaba una emisora local de radio y no vivías cerca, no la podías escuchar. Si querías ver la televisión de otros países debías, en el mejor de los casos, instalar una antena para captar su emisión vía satélite. Ahora la red distribuye la información a nivel planetario, y está disponible siempre que se disponga de una conexión a internet.

Interactividad (ruptura de la unidireccionalidad y de la ausencia de participación).
Los medios tradicionales obligaban a ser un consumidor pasivo de sus contenidos. A lo sumo, algunos programas de radio en directo admitían llamadas telefónicas de los oyentes; los diarios publicaban cartas al director (unas pocas, seleccionadas de entre la multitud de ellas que reciben). Ahora los medios en red son bidireccionales: permiten y estimulan la comunicación en dos direcciones, y con ella, la participación.

Multimedialidad (ruptura de la estructura uniforme de los medios y la ausencia de diversidad).
Antes había que optar entre un medio u otro, y cada uno de ellos, con sus características, soporte y lenguajes: prensa impresa, para ser leída, radio para ser escuchada y televisión para presenciar imágenes animadas sonorizadas. En el entorno digital, los medios tienden a ser multimedia: la red permite combinar en un solo soporte o canal los lenguajes propios de los medios que antes se utilizaban por separado, bien de manera yuxtapuesta (uno al lado de otro) o integrada (todos juntos en uno solo).

Comunidad en red (ruptura de la linealidad).
Antes los medios eran algo que se consumía pasivamente. La web 2.0 termina con los monólogos y transforma el panorama comunicativo en una gran conversación. La red es una suma de conversaciones facilitadas por la interactividad y la cualidad de internet como plataforma. Las conversaciones tienden a formar comunidades y a generar la aportación colectiva de conocimiento.

Todas estas rupturas responden a la ruptura de la linealidad que supone la comunicación digital en red. De este modo esa ruptura ha puesto patas arriba la concepción del periodismo liberal tradicional, concebido como la emisión de mensajes informativos producidos de manera profesional e industrializada por empresas que utilizan medios masivos de difusión que se distribuyen de manera limitada en términos de cantidad del producto o de alcance de su recepción y que no admiten, o apenas lo hacen, interacción con los receptores. Es decir, el paso de unos medios basados en la economía de la escasez a una comunicación omniabarcante basada en la economía de la abundancia.

Lo que ha hecho que la información tradicional entre en crisis no solo ha sido producto de las rupturas y transformaciones introducidas por internet sino por una creciente tendencia de pérdida de credibilidad de los medios.

En las tres últimas décadas los grandes medios de comunicación se han ido concentrando en grandes corporaciones que aúnan productos de información y entretenimiento a la vez y salen a cotizar en bolsa, de modo que los propietarios tradicionales (editores comprometidos con la calidad de un producto informativo y su línea editorial) pasan a ser propietarios surgidos de la inversión financiera, con intereses muy diversos no siempre coincidentes con las condiciones que hacen posible una información de calidad.

Las lógicas empresariales fruto de esta nueva situación conducen a zonas de alto riesgo como la mezcla o el solapamiento entre información y entretenimiento, la aproximación de las líneas informativas a agendas políticas, industriales o financieras ajenas a las mismas, o a la adquisición de un fuerte sesgo partidista. Cuanto más fuertes son, paradójicamente, los medios pierden capacidad informativa, y por tanto pierden credibilidad y utilidad. El público deja de considerarlos objetivos y desconfía —cada vez más— de sus contenidos y orientaciones. De este modo, las cabeceras de los periódicos tradicionales pierden su valor, que estaba sustentado precisamente en la credibilidad, el prestigio y el respeto que sus lectores les habían venido atribuyendo. La gente, sobre todo los jóvenes, ven a los medios de comunicación como parte de un entramado formado por las instituciones, los intereses económicos y las posiciones políticas que, en su conjunto, representan para ellos un mundo que les es ajeno. La desafección política corre pareja a la desafección mediática. Internet y la eclosión de la web social ha venido a asestar su golpe en una situación que ya de por sí era comprometida.

Por ese motivo son cada vez más las personas que, gracias a internet, han hallado en los llamados medios sociales el modo de informarse, intervenir y participar de otro modo al propuesto por los medios tradicionales. Es ese nuevo escenario en el que nosotros deseamos introducirnos ahora.

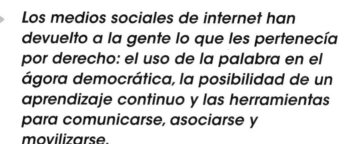

Los medios sociales de internet han devuelto a la gente lo que les pertenecía por derecho: el uso de la palabra en el ágora democrática, la posibilidad de un aprendizaje continuo y las herramientas para comunicarse, asociarse y movilizarse.

Los medios sociales nacen como expresión genuina de la web 2.0, la web social y participativa. Los medios sociales utilizan herramientas de comunicación, publicación e interrelación que facilitan la participación de los ciudadanos y favorecen la introducción de contenidos en la red. En el capítulo 3 describiremos con detalle cómo son los medios sociales, pero ahora mismo es necesario tener claro que se sustentan sobre un concepto: la conversación.

Si los medios tradicionales se sustentan sobre las audiencias (número de espectadores que ven un programa de televisión o escuchan uno de radio; número de periódicos o revistas distribuido y vendido) los medios sociales producen comunidades. El paso de la audiencia a la comunidad sucede a través de la conversación. Conversación es intercambio de experiencias, ideas y conocimientos a través de una relación personal mediada por la red. Y al ser esta multipolar y abierta, las conversaciones también lo son, y con ello, el potencial de creación de comunidades es enorme.

El periodista en internet no es un buscador de audiencias sino el animador de conversaciones capaces de construir comunidades de intereses, conocimiento y relación significativa. No produce (únicamente) información para ser consumida sino materiales para ser distribuidos, compartidos y modificados.

Lo que caracteriza a los periodistas de los nuevos medios sociales de internet es que son capaces de moverse en un entorno muy dinámico (como hemos visto en el recuadro Las cinco grandes rupturas que internet ha introducido en la comunicación) que es:

▶ Hipertextual. Se utiliza el hipertexto como soporte general, lo que lleva a enlazar y a interactuar, enriquecer con información y documentación y construir redes.
▶ Multimediático. Se utilizan elementos de texto, fotografía, vídeo y sonido de manera colateral o yuxtapuesta en los medios digitales hipertextuales.
▶ Interactivo. Los medios digitales hipertextuales permiten la interacción con los usuarios y la creación de redes a partir de ellos y con ellos.

Por ese motivo, los ciberperiodistas superan, en sus competencias profesionales y técnicas, las especializaciones tradicionales del periodista de los medios masivos (especialización temática o especialización según soportes; como periodista de televisión, periodista radiofónico, diseñador periodístico, redactor de informaciones, fotoperiodista, etc.). Desde luego las tendencias a la especialización siguen existiendo, pero lo que antes se llamaba «periodistas todo terreno» se convierte ahora en la norma general en el contexto digital.

En los nuevos medios sociales, un ciberperiodista debe ser capaz de hacer lo siguiente:

▶ Escribir informaciones periodísticas siguiendo las normas de redacción informativa (que aprenderemos en el próximo capítulo) adaptadas al hipertexto.

▶ Editar textos de otros y adecuarlos a las condiciones de la publicación.

▶ Titular los textos periodísticamente, escribir epígrafes, destacados y todos los elementos textuales que intervienen en un medio digital.

▶ Hacer y publicar fotografías, editarlas con aplicaciones de edición digital, seleccionar fotografías de otros, construir discursos informativos y narrativos utilizando imágenes, tanto fotografías como vídeos.

▶ Grabar piezas informativas en audio, en condiciones de inmediatez, recursos escasos y rapidez, editarlas y publicarlas en forma de podcast, incardinadas en o enlazadas con los hipertextos.

▶ Producir, realizar y grabar vídeos informativos, con entrevistas, crónicas o reportajes; editarlos y sonorizarlos; introducir en ellos elementos de rotulación.

▶ Gestionar cibermedios como editores o redactores responsables; utilizar los elementos incardinados en ellos; hacer actualizaciones periódicas y modificaciones en la jerarquía informativa de la página de inicio y en otras; utilizar sus sistemas de publicación y edición y realizar modificaciones de urgencia en su diseño.

▶ Tener conocimientos de diseño periodístico aplicados a los entornos digitales y de html; crear infografías sencillas o gráficos informativos; buen desempeño con la tipografía y la teoría del color.

▶ Moderar y animar los comentarios del público, y sobre todo, identificar en ellos nuevos hilos informativos, posibles fuentes y temas de interés a desarrollar por la redacción.

▶ Percibir las tendencias informativas y sociales en general; estar al corriente de la actualidad informativa vehiculada por los medios masivos; seguir puntualmente los cibermedios de referencia; descubrir cada día nuevos cibermedios interesantes y actores innovadores en el panorama digital; leer, y si es posible escribir, en inglés.

▶ Transitar sin problemas de la cobertura informativa en la calle al trabajo redaccional en la sala; asumir tareas de coordinación y al mismo tiempo seguir instrucciones para hacer trabajos de base.

▶ Actuar como community manager o animador de las redes sociales en las que esté implicado él o su medio; utilizarlas periodísticamente y articularlas con el conjunto de sus plataformas de intervención en la red (web, blog, redes, wikis, etc.).

Todas estas competencias en su conjunto arrojan la imagen de un profesional multitarea, capaz de desenvolverse en contextos que cambian con rapidez y que requieren asimismo capacidad de reacción, precisión en la acción y sintonía con la actualidad y con el público. Y una persona apasionada por la actualidad y la sociedad, y todas las formas que adoptan los diversos centros de interés de los grupos de ciudadanos más variados. Ese ciberperiodista debe tener, además de sus habilidades profesionales, características personales en las que esas se sustenten, como gusto por el aprendizaje permanente, curiosidad omniabarcante y voluntad de expresión personal e intervención social.

El periodista de internet tiene una mente rápida, es hábil con las tecnologías, siente curiosidad por todo lo que sucede y es capaz de contarlo en un entorno que cambia continuamente.

Estas cualidades profesionales y personales son las necesarias para ejercer el periodismo desde el inicio mismo de la existencia de la profesión. Pero los nuevos escenarios abiertos por la internet social y el actual proceso de transformación de la industria de la información las han vuelto a poner de relieve y con mayor fuerza. Pero además, internet nos ha regalado una oportunidad de oro a todos los que poseemos esas cualidades o deseamos poseerlas. Como todas las profesiones, el periodismo requiere talento, pero ese talento queda en nada si no se aprenden las habilidades necesarias para ponerlo en práctica. La internet social hace actualmente que las personas que tienen vocación comunicadora puedan actuar, experimentar y formarse con la misma práctica que conlleva irrumpir en la escena digital. Ese es el magnífico regalo que la red nos hace y que podemos disfrutar ahora mismo.

Adentrarse en la web 2.0 abre la puerta a hacerlo en una gran conversación. Esa conversación que es intercambio de experiencias, ideas y conocimientos está modulando la práctica del ciberperiodismo (llamado también periodismo digital, o periodismo en internet) en la medida que, dadas las características de la internet social, las acciones e interacciones que se dan en ella toman la forma de conversaciones.

El concepto de periodismo como conversación no es nuevo; se remonta a su nacimiento, en medio del debate político (el artículo «J'Accuse», de Émile Zola, publicado como protesta por el antisemitismo en el caso Dreyfuss, gran escándalo en la Francia del siglo XIX) o de la polémica social (los reportajes y crónicas de Char-

les Dickens sobre la miseria en los barrios del Londres decimonó-
nico, que estuvieron en el origen de sus famosas novelas, como
David Copperfield). El periodismo en sus inicios fue una forma de
poner por escrito una tradición oral de compartir información y
conocimiento, y la web 2.0 no ha hecho más que devolverle esa
cualidad relacional y compartida.

Los ciberperiodistas, y muy especialmente los seguidores del
periodismo participativo, se basan en dos principios:

▶ El público sabe más de las noticias que los propios periodistas.
▶ La información debe ser una conversación de muchos a
muchos.

Esa conversación masiva protagonizada por la gente corriente hace
que los sujetos del periodismo se desplacen del centro (los medios
masivos y las agendas informativos impuestas por las instituciones
o empresas) se desplacen hacia las periferias sociales (los temas de
interés que la gente conoce y vive cada día). La centralidad de los
medios de comunicación tradicionales aleja de ellos a la gente, les
hace perder credibilidad y desconfiar de su objetividad, y es la web
2.0 y sus conversaciones lo que viene a reemplazar progresivamente su papel. O como mínimo, a relativizarlo en pro de una participación más extendida.

*El periodismo en internet ya no es una
conferencia sino una conversación.
Conversación de muchos a muchos,
en la que mucha gente sabe más
de lo que sucede que los periodistas, de
modo que juntos crean valor informativo
para todos.*

El riesgo de esa extensión es la llamada *infoxicación*: la intoxicación informativa producida por un exceso de informaciones, datos, comentarios y todo tipo de intervenciones que demasiado a menudo oscurecen el panorama noticioso en lugar de clarificarlo.

Por esa razón, los ciberperiodistas deben actuar también como «desinfoxicadores» si desean que su tarea informativa sea útil. La eclosión de las redes sociales ha venido a introducir aún más elementos de infoxicación en la red, de modo que los profesionales de la información, que siempre han venido actuando como «guardabarreras» (*gatekeepers*) para decidir en los medios masivos lo que debía ser seleccionado para publicarse, han de actuar ahora como orientadores del público en una selva informativa no menos intrincada: es necesario sentido de lo que es noticia, capacidad de identificar fuentes solventes, habilidad para contrastarlas entre sí y capacidad de extraer de ello un relato informativo veraz. El ciberperiodismo, por tanto, no es menos periodismo sino más.

El ciberperiodista no es, pues, un periodista tecnificado sino un agente informativo capaz de aportar valor añadido y significativo a lo que sucede en la red.

Leer, leer y leer

Para empezar, debes familiarizarte con el mundo de la información y la actualidad. No se puede hacer periodismo si no te interesa lo que sucede y no te atraen los medios de comunicación. El buen periodismo se sustenta sobre una práctica fundamental: leer, leer y leer.

Comienza por hacer una buena inmersión en la prensa diaria: aquí tienes un portal que incluye todos los periódicos del mundo: www.kiosko.net.

Cada diario aparece con la portada de su edición impresa. Con solo clicar ene ella tienes acceso a la edición del día de cada periódico. Fíjate en:

Qué temas considera cada periódico del máximo interés, para incluirlos en su portada.

Cómo titulan periódicos distintos una misma noticia. Reflexiona en lo que hace que unos lo hagan de un modo y otros, de otro.

Fíjate en el lenguaje en que están escritas las informaciones, para acostumbrarte al estilo de redacción periodística. Lee los titulares y el primer párrafo de las informaciones; observa su coherencia y cómo explican lo esencial de la noticia.

Observa cómo describen los hechos y las situaciones. Fíjate en que evitan los adjetivos todo lo que pueden.

Y sobre todo, empápate del «ambiente» de lo que es la actualidad del día en que estés practicando esto. Cuando hayas revisado unos cuantos diarios y medios, escribe en un papel:

▶ Cuáles son los cinco temas de actualidad más destacados del día.

▶ Cuáles hubieras destacado tú y por qué.

Una estrategia: convierte tu afición en profesión

Prepárate para lo que tendrás que hacer en el próximo capítulo: escribir noticias. ¿De qué escribo? De lo que te guste y de lo que sepas.

▶ Piensa: ¿qué cosas son las que más te gustan, cuáles son los temas que dominas?

▶ Observa: ¿qué cosas suceden en tu entorno inmediato —amigos, barrio, centro de estudios, ambiente deportivo o social— sobre las que podrías escribir?

❱ Anota: haz listas de todo lo anterior.

❱ Explora: no solo se puede escribir de lo que se sabe. También de lo que no se sabe: la mejor manera de aprender algo es ponerse a escribir sobre ello. Te obliga a informarte, recoger datos, descubrir cosas. De modo que también vale la pena que pienses si hay algo que te causa curiosidad y te gustaría conocer, e inclúyelo también en la lista de tus temas periodísticos posibles.

Guarda estas anotaciones y listas, te servirán en las prácticas que te propondremos en los capítulos siguientes.

2

EL OFICIO DE PERIODISTA: CÓMO ESCRIBIR CON EFICACIA

Curso acelerado de escritura periodística: escribir como periodista es contar las cosas clarito y que se entienda.

Los periodistas son profesionales de la comunicación pero no todos quienes comunican son periodistas. A menudo vemos en la televisión personas que dicen ser periodistas y son presentados como tales, pero que en realidad se dedican a otras actividades, como relaciones públicas, publicidad, moda o la opinión en tertulias y espectáculos de infoentretenimiento; incluso hay que hablan a cámara o hacen preguntas y que no son periodistas sino presentadores. Los trabajos relacionados con la comunicación son muy variados pero el periodismo es una profesión muy determinada que no debe ser confundida con otras.

El periodismo es trabajar con información, pública y publicada. Un detective, por ejemplo, opera con información, pero no para hacerla pública sino para proporcionársela a un cliente privado. La información periodística, además de pública, debe ser fiel a la realidad y por tanto, contrastada. El periodista, pues, es alguien que trabaja con fuentes de información, contrasta la información que de ellas extrae y la sirve al público a través de los medios informativos.

La información con la que trabajan los periodistas es información de actualidad: noticias. Los fines específicos de la información de actualidad son: dar cuenta de acontecimientos de interés general, de modo imparcial, fiable, independiente.

Acontecimientos de interés general: cosas que interesan a todos o a casi todos. Hay, por supuesto, información especializada (deportes, bricolaje, arte) que también está incluida en ese interés, si está tratada periodísticamente.

Imparcial: que está únicamente al servicio del público, y no responde a intereses de partes, como empresas, agentes económicos u otros, instituciones, intereses políticos o comerciales, etc. Y por tanto, que esta información ha sido confeccionada de manera independiente sin inclinarse interesadamente hacia los intereses de una parte u otra, por legítimas que sean.

Fiable: la información ha de ser elaborada de un modo que se aproxime al máximo a los hechos, en la medida que ello sea posible. Ello se consigue contrastando las diversas fuentes informativas implicadas, para comparar versiones, advertir contradicciones y hallar coherencias, de modo que de ello resulte un relato periodístico lo más objetivo posible.

Independiente: la objetividad total no puede ser conseguida, porque la comprensión de las cosas y el relato de los hechos son siempre actos subjetivos. Pero puede lograrse, y exigirse de un periodista, que sea independiente. Es decir, que no escriba según intereses de una parte implicada ni tratando de favorecer deliberadamente un interés que no sea servir información fiable a su público.

Podemos ahora dar una definición de periodismo: «Periodismo es la comunicación periódica de un hecho (acontecimiento) que acaba de ocurrir o descubrirse, o que tiene previsto suceder en un futuro más o menos próximo, a un público masivo o especializado, a través de los medios de comunicación» (Mar de Fontcuberta, *La noticia. Pistas para percibir el mundo*, Paidós, Barcelona, 1989).

Y esa comunicación debe ser realizada bajo los parámetros citados relacionados con la fiabilidad.

La fiabilidad de la labor del periodista viene obligada no solamente por su ética profesional sino por la misma razón de ser de su oficio. La información, además de ser un servicio o un producto, es sobre todo un derecho democrático. Las constituciones y las legislaciones democráticas recogen el derecho a la información, es decir el derecho a recibir información fiable y veraz y el derecho a emitirla y distribuirla. El titular de ese derecho no son los medios de información, el gobierno o las instituciones sino los ciudadanos mismos. La información no es de los periódicos o las televisiones, es tuya y mía, y los periodistas no están al servicio de las empresas propietarias de los medios sino que son los administradores del derecho público y democrático a la información. Grave responsabilidad —¡y magnífico estímulo!— a menudo olvidada, menoscabada y pisoteada. Ser periodista es tener el honor de administrar sabiamente un derecho democrático fundamental.

Si todo esto te parece grandilocuente, espera un momento. Vivimos en un mundo complejo y confuso, al que internet ha venido a traer más complejidad y confusión. Antes el problema era la falta de información y ahora lo es su sobreabundancia. Por la red circula todo tipo de mensajes, datos, informaciones, una maraña de palabras, imágenes, conceptos que se entretejen hasta producir la mencionada «infoxicación». Los periodistas somos, precisamente, los profesionales de la información, la gente que sabemos recoger, seleccionar, editar y disponer información fiable. Internet es, como ha dicho Alejandro Piscitelli —un clarividente científico social argentino— el «mar de los Sargazos» y en ese mar enredado de algas y hierbajos flotantes los pilotos que debemos indicar el camino somos —deberíamos ser— los periodistas.

 Hacer periodismo en internet es ayudar a que la gente disponga de información fiable, contenidos de calidad y materiales relevantes para que puedan vivir mejor porque disponen de mejores opciones para conocer y por tanto decidir.

Sabemos ya, pues, qué es lo que hace (¡o debería hacer!) un periodista. Veamos ahora con qué herramientas lo hace y cómo lo hace.

El material de trabajo del periodista es la vida misma. La vida de las personas se materializa en acciones. Lo que interesa al periodista es lo que hace la gente. Una vez asistí a un seminario de formación en el que lo más valioso que aprendí fue esto: «¿Qué le interesa a la gente? Lo que hace la otra gente». Punto. Los periodistas contamos a la gente lo que hace la otra gente. Pero se lo contamos mejor que los chismosos, chafarderos o rumoreadores: lo hacemos de manera fiable para que puedan obtener provecho. Un periodista es alguien que tiene una curiosidad insaciable por la vida de la gente. ¿Un cotilla? No, un explorador. El país más exótico en el que pasan las cosas más raras es nuestro vecindario. Los periodistas somos los exploradores de esa tierra extraña que es el mundo cercano y cotidiano en el que vivimos todos.

La primera herramienta de trabajo del periodista es la curiosidad. Cuando yo era niño leía un tebeo en que aparecía un periodista, El repórter Tribulete, que en todas partes se mete. Era una historieta humorística cuyo protagonista trabajaba en un diario llamado *El Chafardero Indomable.* ¡Qué maravillosa cabecera para un diario! El periodista es un curioso irreductible que se pregunta qué está sucediendo y por qué. Tu mejor cualidad para hacer periodismo en internet es tu curiosidad, tus deseos de saber, de conocer, de averiguar.

El periodista no tiene suficiente con averiguar, saber, conocer. Tiene deseos irrefrenables, además, de contar. Ver, oír y contar, ese es nuestro oficio. Queremos saber lo que sucede para contarlo a los demás, eso nos diferencia de otras profesiones que tratan con la información y el conocimiento. La segunda herramienta del periodista es la habilidad de contar lo que pasa.

Y lo que llegamos a conocer lo contamos de un modo determinado: mediante un modo peculiar de explicar y narrar. Los periodistas utilizamos la escritura periodística, también llamada redacción periodística, como modelo y técnica de comunicación. Entendemos como escritura no únicamente disponer palabras en un papel sino también producir vídeos, audios, fotografías, infografías y cualquier medio lingüístico que permita construir un relato estructurado. Un periodista es un redactor, alguien que va, ve y oye, y lo cuenta de manera estructurada, comprensible y comunicable.

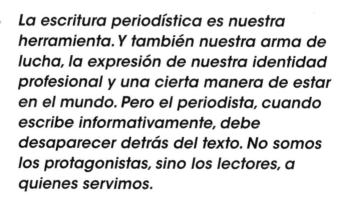

La escritura periodística es nuestra herramienta. Y también nuestra arma de lucha, la expresión de nuestra identidad profesional y una cierta manera de estar en el mundo. Pero el periodista, cuando escribe informativamente, debe desaparecer detrás del texto. No somos los protagonistas, sino los lectores, a quienes servimos.

Para poder servir a los lectores hemos de escribir periodísticamente de manera comprensible. El problema es que vivimos en una sociedad en que no se nos ha formado para expresar nuestras ideas con claridad. Escribimos de manera confusa porque pensamos confusamente. Nos creemos espontáneos pero en realidad somos caóticos. Es una realidad que hay que afrontar y aprender a partir de ella.

La escritura periodística, una prosa funcional

La escritura periodística se caracteriza por su objeto: que el mensaje se entienda con eficacia y rapidez. Que sea inmediatamente inteligible.
La escritura periodística se basa en las 3 C:

▶ Claro.
▶ Conciso.
▶ Concreto.

Estas son las características del estilo periodístico: claro, conciso y concreto. Estas 3 C, con las 6 W (que conoceremos más adelante) constituyen el armazón sobre el que se sostiene el lenguaje informativo y, por extensión, los lenguajes propios de la escritura periodística.
El periodista profesional se hace mediante un proceso de aprendizaje y desarrollo de un lenguaje 3C.
Escribir con claridad significa:

▶ Conocer los hechos y comprender las ideas.
▶ Ser transparente en su exposición.

La escritura periodística se caracteriza por su transparencia. Es como un cristal: debe permitir ver claramente lo que hay al otro lado, y traerlo a este lado de manera igualmente clara. El peligro es un lenguaje turbio y pobre.

 Este es el mayor riesgo del periodista, usar un lenguaje turbio y/o pobre. Hay que dedicar grandes esfuerzos a perfeccionarse en esto. El peligro no es la «manipulación», el «poder» o las «conspiraciones», el peligro para el periodista es la falta de claridad en su capacidad de ver y en su capacidad de contar. Nunca me cansaré de insistir en que nuestros antecedentes escolares y culturales juegan en nuestra contra. Además, leemos poco y por tanto no estamos acostumbrados a la lectura de textos de calidad.

Escribir con concisión significa:

- No enrollarse.
- Escribir con frases cortas.
- Usar verbos activos.
- Sintaxis directa.

La mejor técnica para conseguir la claridad y concisión informativas en una frase es, antes que nada, fijar la atención en el verbo, que es la pieza clave de cualquier frase y, por tanto, de cualquier idea que trate de reflejar fielmente un hecho.

En un texto periodístico siempre pasan cosas. El verbo es el eje de la frase periodística, sea un titular, una entradilla o un texto. Escribimos contando cosas que pasan.

Para informar, los verbos han de ser:

▶ Activos.
▶ Dinámicos.

Activos: evitar las frases pasivas y las formas reflexivas. Evitar las frases en negativo.

Dinámicos: siempre hay un protagonista, un sujeto de la noticia, alguien que hace algo o a quien le pasa algo.

Para escribir con concisión hay que seleccionar las palabras. No enrollarse quiere decir elegir las palabras indispensables, apropiadas y significativas para comunicar lo que se desea.

Sintaxis directa quiere decir escribir por este orden: sujeto, verbo y predicado (y recordar que entre sujeto y verbo no hay coma).

Escribir así no empobrece la expresión, al contrario. En periodismo, la regla es: menos es más. Menos texto pero más significativo. Menos texto pero más ordenado y claro.

Escribir con concreción quiere decir escribir de algo que se conoce y que se es capaz de explicar, algo identificable inmediatamente por el lector.

La escritura periodística es una escritura de hechos que suceden, de acontecimientos. Un acontecimiento es un hecho de interés público.

La concreción en la escritura periodística implica asimismo escribir con datos estructurados. Eso significa poner por delante lo más importante, y ordenar el relato de los acontecimientos de mayor a menor.

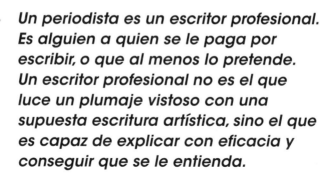

Un periodista es un escritor profesional. Es alguien a quien se le paga por escribir, o que al menos lo pretende. Un escritor profesional no es el que luce un plumaje vistoso con una supuesta escritura artística, sino el que es capaz de explicar con eficacia y conseguir que se le entienda.

Arroja pues por la borda tus falsas pretensiones literarias y escribe con las 3C. Utiliza una prosa funcional, para lo que debes:

- Pensar las palabras.
- Elegir las más significativas.
- Combinarlas del modo más eficaz.

El modo más seguro de aprender a escribir bien es leer mucho. Leer:

- Los periódicos de referencia.
- Las webs de esos periódicos y otras webs informativas.
- Libros periodísticos escritos por clásicos del oficio.
- Literatura realista.

Si tienes la mente despierta y vocación periodística, la calidad de los textos literarios y periodísticos se te pegará a la piel sin que te des cuenta. Insisto: la gente escribe mal porque no lee, o no lee textos de calidad, o no lee durante suficiente tiempo. Y si te da pereza leer, no insistas y dedícate a otra cosa.

Tienes que ver esto

Un libro que hay que leer

Los cínicos no sirven para este oficio: sobre el buen periodismo, Ryszard Kapuscinski, Anagrama.

Kapuscinski ha sido uno de los grandes periodistas internacionales del siglo XX. Un magnífico reportero y un excelente narrador. En este libro aprenderás al mismo tiempo como escribe uno de los grandes y como un periodista se encamina hacia la calidad y la solvencia.

Y otro libro de ficción que enseña como escribir de manera vibrante y eficaz:

Cosecha roja, Dashiell Hammett, RBA.

Dashiell Hammett fue detective en los años veinte y más tarde llegó a ser uno de los autores clásicos de la novela negra. *Cosecha roja*, publicado en 1929, es un clásico de la novela de intriga con repercusiones sociales. Relata un conflicto social en el que aparecen combinados el poder, el periodismo y el gangsterismo. La prosa narrativa de Hammett es un modelo de escritura eficaz, concisa y contundente.

Ahora vamos a aprender a escribir de manera estructurada. Lo que propongo aquí vale para todos los medios informativos, también para internet. En el próximo capítulo veremos como se adaptan estas reglas a los cibermedios, pero es imprescindible conocerlas tal como se exponen aquí.

La estructura de la noticia y la pirámide invertida

Toda noticia tiene una estructura, y esta consiste en ir exponiendo el relato de los hechos de manera:

▶ Clara y comprensible (las 3 C).
▶ Jerarquizada (lo más importante primero, lo menos, después).
▶ Completa (que resuelva al máximo los interrogantes planteados).

La estructura de una noticia se organiza alrededor de lo que en periodismo se conoce como las 6 W. Esas 6 W son las preguntas que todo periodista tiene que hacerse en el momento de abordar o investigar los hechos que están detrás de una noticia. Su respuesta correcta y consecuente es la base de la verdadera noticia digna de ser publicada.

Pensar y actuar como un periodista es plantearse esas preguntas en forma de 6 W, relativas a un hecho:

▶ WHAT. ¿Qué? ¿Qué ha pasado? El hecho, la acción.
▶ WHO. ¿ Quién? ¿Quiénes son los protagonistas activos o pasivos?
▶ WHERE. ¿Dónde? El lugar, la ubicación (proximidad).
▶ WHEN. ¿Cuándo? Día, hora (periodo).
▶ WHY. ¿Por qué? La causa, motivo, móvil.
▶ HOW. ¿Cómo? Los detalles y consecuencias.

(Como se ve, la W es la inicial inglesa de la pregunta, y en el sexto caso, la letra final.)

La actualidad periodística existe en relación a la respuesta que el periodista obtiene de las seis preguntas.

La estructura de la noticia se basa en la articulación de las respuestas correspondientes a estas seis preguntas.

Todos los periodistas del mundo conocen la norma de las 6 W y todos (bueno, casi todos) la utilizan.

Así vemos que el oficio de periodista consiste, antes de escribir, en preguntar y preguntarse, y hacerlo de manera correcta y metódica. Si os preguntáis bien escribiréis bien. Tener memorizadas las 6 W y siempre en la mente en el momento de leer textos, consultar fuentes, observar la actualidad, entrevistar gente, acudir a actos o informarse sobre hechos es imprescindible.

 El carpintero lleva encima el martillo y la sierra; el mecánico, las llaves y los destornilladores, y el periodista, las 6W. Las 6W son la herramienta periodística verdadera y no el bloc de notas, la cámara o la grabadora.

La estructura de una noticia depende del valor que concedamos a cada W y en consecuencia, a que la destaquemos más o menos. Si una noticia está protagonizada por una persona, es el Who (quién), el que manda (destituyen al entrenador de un equipo de fútbol, tal político gana las elecciones) pero puede ser que lo más relevante sea el Where (dónde) cuando la noticia es que cae una gran nevada en un lugar donde no suele hacerlo.

El cuándo puede ser también la W que mande, si la noticia es que mañana se juega el gordo de la lotería y hay mucha expectación, o el porqué, si los investigadores policiales resuelven la causa de un asesinato.

Se comienza a pensar como periodista en el momento que, cuando te encuentras ante un texto, un hecho o cualquier información o acontecimiento, te lo planteas según las 6 W y jerarquizas las prioridades entre ellas. Porque en el momento de escribir tendrás que seguir el mismo camino:

 Escribir periodísticamente es dar respuesta de manera jerarquizada y ordenada a las 6 W.

Para conseguir esa escritura informativa estructurada, jerarquizada y ordenada, el periodismo anglosajón creó una norma que nació como una solución de urgencia y luego devino un clásico: la pirámide invertida.

Escribir en pirámide invertida (imaginaos un triángulo equilátero con una punta hacia abajo) quiere decir hacerlo ordenando los elementos informativos en interés decreciente.

Es la manera práctica de aplicar nuestro consejo de ir al grano, ya de entrada. La pirámide invertida es:

- Un medio para jerarquizar la información.
- Respondiendo gradualmente a las 6W.
- Cumpliendo la obligación de escribir de modo claro, conciso, concreto y estructurado.

Es decir, que al redactar en interés decreciente, estructuramos el cuerpo de la información de tal modo que respondemos a las 6W. Y al responder a las 6W respondemos precisamente a las preguntas que se hace nuestro lector cuando se halla frente a una noticia y desea comprenderla.

La pirámide invertida no es una fórmula de hierro, una norma inamovible, sino un método para redactar la información de modo que responda a las exigencias de imparcialidad, claridad y sentido directo.

Cuando dudamos de la posibilidad de ejercer un periodismo imparcial, que se aproxime lo más posible a la veracidad de los hechos que han generado una noticia, la pirámide invertida nos ofrece un método seguro.

En la pirámide invertida:

▶ Comenzamos escribiendo un breve párrafo que resume lo más importante de la noticia. Generalmente responde las preguntas de quién y qué. Este párrafo se llama entradilla o *lead*.

▶ A continuación va un párrafo un poco más largo en el que se amplía la noticia resumida en la entradilla, con el material más relevante.

▶ Sigue el contexto, los datos que sitúan y ayudan a explicar el hecho y sus circunstancias.

▶ Y finalmente, datos adicionales, una conclusión si cabe o cualquier elemento secundario que sirva de remate.

Ved el esquema de la pirámide invertida de la escritura periodística:

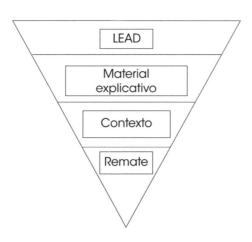

La jerarquización informativa que impone nos obliga a interrogarnos sobre:

▸ Si estamos priorizando en el *lead* lo esencial de la noticia, o bien hacemos una selección sesgada.

▸ Si el material de apoyo y de desarrollo de la noticia la clarifica o la enturbia.

▸ Si contextualizamos los hechos o bien si recurrimos al viejo truco de descontextualizar para tergiversar.

La pirámide invertida, pues, no es un capricho teórico o un artificio técnico sino una manifestación fehaciente de la rectitud en el ejercicio de la profesión periodística.

Técnicas para conseguir que te lean

Todos los que empiezan en periodismo creen que su principal problema es poder publicar. No, el principal problema es conseguir que te lean una vez has publicado. Internet ha obrado el milagro de que todo el mundo pueda publicar, y puesto que existe un volumen tan enorme de información publicada en la red, el problema consiste en que el lector encuentre tu pieza y luego, que de entre todas las que tiene a la vista, la elija y la lea.

Esta elección no se hace por casualidad o capricho. Los periodistas escriben del modo más seguro para aproximarse lo más posible a que su artículo sea identificado y leído. Esto forma parte de la escritura periodística, no es tanto una estrategia sino una técnica más de la prosa funcional que es la redacción periodística.

Existen dos elementos fundamentales para conseguir ser leídos, que son a su vez los dos elementos fundamentales de la noticia publicada: el título y el *lead*.

Los lectores de todos los medios pasan la vista con rapidez por encima de los soportes comunicativos. El nivel de atención y concentración es bajo y la prisa es mucha. Nadie más que el redactor puede conseguir que un lector opte por su texto. El título y el *lead* son el cazalectores si están bien escritos. Pero titular bien es difícil, es un verdadero arte.

Normas y recomendaciones para la titulación informativa

Los objetivos del título son:

▶ Interesar al lector.
▶ Atraer su atención.
▶ Anunciar la noticia.
▶ Resumirla.

El título asume la doble función de informar y de atracción. Dicho de otro modo, el titular está destinado a dar una visión sucinta de la noticia y a incitar a leer el texto. Contrariamente al título de un libro, que anuncia de lo que se va a hablar, el título de un diario sintetiza lo que se va a decir.

Reglas de oro del título:

▶ El título presenta la noticia.
▶ El título sintetiza el artículo y en ocasiones lo completa.
▶ El título evoca el hecho principal o la idea dominante.
▶ El título debe anticipar la noticia, no agotarla; suscitar en el lector un sentido de atención, forzándole a desear más y, por tanto, a leer la noticia.

El título, por tanto, no desgrana las 6 W. Más bien surge de una última condensación del *lead*.

Características del título:

⊳ Máxima economía de lenguaje (brevedad).
⊳ Máxima expresividad (atractivo).

Los de títulos informativos son los que encabezan una información. Se caracterizan por su estilo verbal, lo que significa que dan cuenta de una acción, que pasa algo y dicen lo que pasa. Por tanto, siempre contienen un verbo, preferentemente activo y casi siempre en presente (que les da mayor viveza y alarga la presencia de los hechos en la actualidad).

 Cuanto más expresivo es el verbo, más fuerza tiene el titular.

Normas:

⊳ Condensar la información en el menor número posible de palabras.
⊳ No partir palabras de una línea a otra.
⊳ No repetir conceptos ni palabras (ni derivadas) entre elementos.
⊳ No utilizar el punto.
⊳ No utilizar palabras ambiguas o inexpresivas (puede, posible, hacer...).
⊳ Desechar las interrogaciones: nunca informan.
⊳ Lo que dice el titular tiene que estar contenido en el texto, aunque sea de modo implícito.
⊳ Si tiene más de una línea, las líneas del cuerpo del titular han de ser más o menos iguales, del mismo tipo y cuerpo.

Recomendaciones para titular bien

▶ Déjalo para el final. Si no tienes clarísimo el título (que es cuando te viene como un flash al «ver» globalmente la noticia) escribe primero el *lead* y todo el cuerpo de la información. Luego repasa el *lead* y extrae el título de su condensación.

▶ Extrae la idea esencial. Recuerda que el título muestra la noticia de manera inmediata. Debes conseguir que la noticia se vea de un solo golpe de vista.

▶ Un título es una narración brevísima. Te da idea de la noticia de manera inequívoca y de una sola vez.

▶ En un título, lo que hemos de ver de un golpe de vista es:
La noticia expresada en una acción.
Una acción que «se ve» descrita gráficamente en un texto brevísimo.
Una acción que se comprende y cuyas consecuencias se intuyen inmediatamente.

▶ Ahora titula y ponte en lugar del lector:
¿Está claro?
¿Informa de manera directa?
¿Interesa y atrae?
Si no está claro para ti, si no ves de qué va la noticia al leerlo, si no te atrae, ¿a quién lo hará?

▶ Raramente un título queda bien a la primera.
Lo más probable es que debas titular tres, cinco o más veces.
Hay que repetir para mejorar el título y no quedarse contento hasta que esté supercларo.
Un periodista que no se esmera en la titulación tampoco lo hace en la información.

▶ El título informativo es sencillo y directo, no farragoso ni sofisticado. La verdadera sofisticación del título es decir muchísimo con muy pocas palabras. Para conseguirlo hemos de tener clara nuestra intención: a dónde queremos llevar el interés del lector.

La titulación es una decisión. Es la decisión final del texto informativo, el colofón de la narración periodística. Con él decidimos sobre qué ponemos el acento. Con él mostramos al lector lo que consideramos más relevante de todo el asunto.

Es imprescindible que sepas

Cuáles son los mejores diccionarios

Aunque el diccionario de la Real Academia es la obra normativa de la lengua castellana, los escritores suelen emplear diccionarios de uso, más prácticos y a menudo más actualizados (y sin acepciones cogidas por los pelos, que dependen más de los equilibrios de los miembros de aquella corporación que de las necesidades de quien escribe para el público).

Los dos mejores son:

Diccionario de uso del español, María Moliner, Gredos.
Versión en línea:
http://www.diclib.com/cgi-bin/d1.cgi?l=es&base=moliner &page=showindex

Diccionaro de dudas y dificultades de la lengua española, Manuel Seco, Espasa Calpe.
Versión en línea, para consultar o descargar, en Scribd:
http://espanol.free-ebooks.net/ebook/Diccionario-de-dudas-y-dificultades-de-la-lengua-espanola/pdf/view

La disponibilidad de diccionarios en línea es muy útil, pero yo recomiendo comprar los libros, o por lo menos uno, porque el uso de un buen diccionario va más allá de la consulta puntual. Es muy conveniente, de manera periódica, leer varias páginas, descubrir cosas nuevas y adentrarse en ciertas complejidades lingüísticas porque esto es lo que amplía nuestro léxico y nos dota de autonomía.

Normas y recomendaciones para la escritura del *lead*

El *lead* tiene dos objetivos, que determinan la forma de redactarlo:

- Contar lo esencial de la noticia, por lo que ha de ser ordenado y claro.
- Captar la atención del público; ha de ser atractivo.

El *lead* es el núcleo esencial de la noticia. No es un resumen sino una síntesis, con una gran economía de palabras. Su función es dar cuenta inmediata y clara de lo fundamental de ella, e interesar y captar la atención para que el público siga leyendo, viendo o escuchando.

Generalmente responde a dos de las 6W, sobre todo Qué y Quién. Pero no es una norma fija: a veces es necesario que responda a otras, sobre todo si se trata del seguimiento de una noticia que ha comenzado a publicarse en días anteriores.

Sus cualidades:

- Sintético, claro, directo y con gran economía de lenguaje, el *lead* debe ser atractivo.

- Para ello hay que: utilizar verbos de acción o movimiento. Voz activa en lugar de pasiva.
- Plantear hechos concretos y directos.
- Personalizar al máximo. Las noticias siempre tienen protagonista.
- Utilizar oraciones afirmativas, salvo que la noticia esté en la negación.
- Huir de las antinoticias, sucesos aparentemente llamativos pero que no describen acontecimientos de interés general.
- El *lead* cuenta la noticia. Suministra la información fundamental, pero no necesariamente la agota.
- El *lead* cuenta la noticia, el cuerpo la explica.

Título, *lead* y cuerpo: esta es la estructura fundamental de la noticia redactada.

Resumen del proceso de la redacción periodística

▶ Abordar los hechos haciéndose uno mismo las preguntas de las 6 W.

▶ Responder a esas preguntas al realizar el borrador de la noticia.

▶ Jerarquizar las respuestas en forma de pirámide informativa.

▶ Redactar el título y el *lead* de modo que formen una unidad coherente.

▶ Escribir el cuerpo de la noticia en pirámide, en jerarquización decreciente.

Empieza a practicar

Destripar la pirámide

Lee diversas noticias publicadas en webs informativas o periódicos. Toma una noticia y escribe en un papel aparte las 6 W. Respóndelas brevemente.

Comprueba como la noticia que has leído está redactada respondiendo a las 6 W. Observa como las respuestas están ordenadas en jerarquización decreciente.

Observa si leyendo el título y el *lead* ya te has enterado de la noticia.

Escribir en pirámide.

Escoge un hecho de tu entorno que conozcas y que pueda convertirse en noticia: un partido de futbol de tu equipo local, un concierto de un grupo musical, una celebración en el barrio, una reivindicación popular, un suceso cualquiera.

Hazte una idea general y completa del hecho. Somételo a las preguntas de las 6 W. Obtén las respuestas y escríbelas en una lista.

Jerarquiza las respuestas que has escrito. Escoge las dos W más relevantes, las que consideres que dan cuenta de la noticia.

Escribe el *lead* con esas dos W. Prosigue redactando el cuerpo de la noticia con el resto.

Titula con la W más importante. Observa si título y *lead* se complementan.

Léelo todo de una vez, corrige, haz modificaciones. Vuélvelo a leer y mira si lo que has escrito da cuenta fiel y veraz de los hechos que conoces.

3

TRABAJAR EN LA WEB 2.O
Y CON SUS APLICACIONES

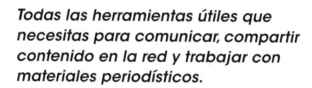

Todas las herramientas útiles que necesitas para comunicar, compartir contenido en la red y trabajar con materiales periodísticos.

En el capítulo 1 dije que la web 2.0 es la internet que se lee y se escribe. Es mucho más:

- Una plataforma de comunicación universal.
- Una plataforma que contiene los servicios de la red, con aplicaciones sencillas que están en constante evolución y pueden ser mejoradas y compartidas por los usuarios.
- Un espacio colaborativo basado en la idea de cooperación, conocimiento compartido y conversación.

Hacer de ciberperiodista —periodista en el ciberespacio— es participar en una gran conversación, aportando materiales de calidad que puedan interesar y que ayuden a crear comunidad en torno a los temas más relevantes.

Ahora te voy a presentar una selección de las mejores herramientas, más útiles y más sencillas de utilizar para que puedas hacer de ciberperiodista. Este va a ser tu material de instrumentos técnicos aplicados al periodismo en internet.

He agrupado estas herramientas en varios apartados según sus utilidades:

> Para buscar temas e ideas sobre los que escribir y publicar.
> Para administrar los materiales que encuentras en la red.
> Para publicar.
> Para enriquecer lo publicado.
> Para hacer retransmisiones de actos y acontecimientos.
> Para crear y editar audio y video.

Todas estas aplicaciones están en la nube (el ciberespacio), son gratuitas y están siempre en proceso de perfeccionamiento. Y todas ellas están orientadas a un fin: compartir información en la red.

Para buscar temas e ideas sobre los que escribir y publicar

Los mejores temas sobre los que puedes escribir son los que mejor conoces: los que se dan en tu entorno, aficiones, ambiente ciudadano, etc. La regla de oro de cualquier escritor, periodista o no, es «escribe de lo que conoces». Pero también hay que estar leyendo constantemente sobre cosas menos o nada conocidas, ver lo que publican los demás y lo que se cuece en la red.

Si no sabes por donde empezar, es bueno hacerlo mediante las siguientes herramientas:

MENÉAME: www.meneame.com
La web de noticias enviadas y votadas por los usuarios más popular. Recoge lo más llamativo de la actualidad, pero también

noticias que pueden pasar desapercibidas en los medios generalistas. Útil para hacer una buena inmersión en lo que se cuece en la red.

ELDIARIO.ES: www.eldiario.es

CUARTO PODER: www.cuartopoder.com

PERIODISTAS.ES: www.periodistas-es.org
Periódicos digitales de reciente creación, de orientación progresista, con líneas informativas muy pegadas a la actualidad, muy bien escritos y diseñados. Aquí es donde puedes empezar a ver ejemplos de buen ciberperiodismo.

Para administrar los materiales que encuentras en la red

A medida que te conviertes en un internauta asiduo y vas identificando los sitios de mayor interés, necesitas poder suscribirte a ellos. Esto se consigue mediante el RSS, siglas de Really Simple Sindication. RSS es una forma muy sencilla de mantener información actualizada sobre las páginas web o blogs que se visitan regularmente, sin necesidad de entrar en ellas una a una. Esta información se actualiza automáticamente. Para ello es necesario disponer de un agregador RSS.

FEEDLY: www.feedly.com
Feedly es el agregador que se ha impuesto después de una evolución de estos dispositivos. Existe versión para ordenador y para tableta. Basta con copiar la url de la web deseada y añadirla a Feedly para tenerla incorporada. Las webs a leer se pueden ordenar temáticamente. Dispone de varias opciones de visionado.

El agregador es una herramienta fundamental para el internauta activo y el ciberperiodista. Este debe hacer una revisión y lectura sistemática de sus fuentes agregadas para mantenerse al corriente de las webs y temas de su interés, y Feedly le permite no perderse nada.

INSTAPAPER: www.instapaper.com
Es una herramienta para guardar la web que estás viendo y mirarla después. Se instala en la barra de herramientas del navegador un botón que dice Read Later y se clica en él cuando quieres guardar algo. Instapaper te confecciona una lista con los títulos de lo que has guardado y una versión de texto de cada artículo. Puedes desde allí acceder a la web original. Permite exportar textos a lectores de libros electrónicos.

Instapaper es útil para confeccionar un dossier sobre el tema en que estás trabajando, como una carpeta con recortes de periódico, o para guardar un registro diario de los temas más interesantes y luego seleccionar lo que interesa definitivamente.

DELICIOUS: www.delicious.com
Delicious es el sitio de marcadores sociales más difundido. Lo utilizamos para hacer nuestra colección de webs, un fondo de documentación y consulta que nos permite tener a mano el volumen de información de la red que nos resulta más útil e interesante. Cada url se clasifica temáticamente mediante etiquetas (tags). La colección de marcadores puede mantenerse privada o compartirse.

Tutorial de Delicious: http://escrituraperiodisticamultimedia. files.wordpress.com/2012/09/delicious-tutorial.pdf

DROPBOX: www.dropbox.com
Dropbox es un archivo de documentos que permite disponer de ellos tanto en la nube como en el ordenador, la tableta, el móvil y diversos dispositivos; por ejemplo, el ordenador de casa, el de la

oficina y el portátil. Cada vez que se conecta se sincroniza desde el dispositivo en que se abre Dropbox y se puede trabajar con los documentos, sean texto, vídeo y cualquier otro formato. Ofrece 2 Gb gratis que se pueden ampliar progresivamente mediante diversas tarifas, y regalan más espacio si traes otros amigos.

Dropbox es, pues, el archivo móvil de materiales propios, complementario con Delicious e Instapaper, y los tres permiten trabajar de manera móvil en cualquier lugar.

GMAIL: mail.google.com
El correo de Google, Gmail, puede ser utilizado también como disco duro en la nube, si necesitas más gigas que los del Dropbox gratuitos. Envías archivos adjuntos en mensajes a tu cuenta de Gmail y los abres en cualquier lugar desde donde accedas al correo.

Wikis

El éxito de la Wikipedia ha difundido el formato wiki, que es un sitio web cuyas páginas pueden ser editadas por múltiples voluntarios a través del navegador. Los usuarios pueden crear, modificar o borrar un mismo texto que comparten. Los textos o «páginas wiki» tienen títulos únicos. Si se escribe el título de una «página-wiki» en algún lugar del wiki, esta palabra se convierte en un link a la página web.

Los wikis son especialmente útiles para la coordinación de informaciones y acciones, o la puesta en común de conocimientos o textos dentro de grupos. Por tanto, te servirán si formas parte de un grupo dedicado a alguna tarea ciberperiodística, pero también si actúas en solitario: como un repositorio de materiales en los que vas trabajando periódicamente. Puede ser un wiki especializado, o un wiki con diversas páginas distintas dedicada cada una a una especialización diferente. Yo uso un wiki como escritorio básico general.

La mayor parte de los wikis conservan un historial de cambios que permite recuperar fácilmente cualquier estado anterior y ver quién hizo cada cambio, lo cual facilita enormemente el mantenimiento conjunto y el control de usuarios destructivos. Habitualmente, sin necesidad de una revisión previa, se actualiza el contenido que muestra la página wiki editada.

La principal utilidad de un wiki es que permite crear y mejorar las páginas de forma instantánea, dando una gran libertad al usuario, y por medio de una interfaz muy simple. Esto hace que más gente participe en su edición, a diferencia de los sistemas tradicionales, donde resulta más difícil que los usuarios del sitio contribuyan a mejorarlo. Los wikis incorporan todo tipo de contenidos multimedia.

WIKISPACES: www.wikispaces.com
Sitio de creación de wikis y comunidad wikera centrado en la educación. Facilísimos de crear y desarrollar.

WIKIOLE: www.wikiole.com
Sitio de wikis en español y comunidad, con muchas temáticas especializadas. Date una vuelta por los wikis que hay por ahí para tomar ideas y ver como puede ser el tuyo.

WIKIMATRIX: www.wikimatrix.org
Todo sobre los wikis y su mundo. Para comparar diversos sistemas de wikis, obtener ayuda, explorar todas las posibilidades del medio y perfeccionarse en él.

Es imprescindible que sepas

Modo de aplicación de las herramientas web 2.0

La manera inteligente de utilizar toda esta panoplia de aplicaciones para tareas ciberperiodísticas es hacerlo de manera conjunta y coordinada. Por orden progresivo de acceso:

- Feedly. Leer y actualizar el conocimiento de las fuentes de los medios a los que estás suscrito.
- Instapaper (Read Later). Para guardar al instante algo que te interesa y con lo que podrías trabajar después.
- Delicious. Añadir una web a tu colección de marcadores porque siempre tendrás que recurrir a ellos.
- Wiki. Crear tu propia base de conocimiento, donde desarrolles: borradores de textos que se podrían hacer y les añadas enlaces y documentos que ayudan a ello; documentación especializada de los temas que sueles tratar; colecciones de links de consulta frecuente, agrupados por los temas en que estás trabajando; agendas y proyectos propios en desarrollo.
- Dropbox. Además de todo lo anterior, que lo tienes en la nube, textos propios y de otros, vídeos, audios, documentos y materiales que forman tu cartera de trabajo. Atención: al wiki también puede añadirse todo tipo de documentos.
- No olvides que Gmail ayuda como auxiliar de Dropbox para tener más espacio en la nube.

Para empezar a publicar en la red

Para iniciarse en el ciberperiodismo recomiendo el formato blog. Un blog —contracción de weblog, o registro de navegación por la red— es una página web estructurada en torno a mensajes publicados en orden cronológico inverso. Dispone además de una o dos columnas laterales en las que incluir enlaces e insertar otros elementos (imágenes, widgets, etc.). El blog es el medio más dinámico que existe en la web, y aunque últimamente ha disminuido la fiebre que se produjo hace diez años en torno a los blogs, su uso se ha depurado y son mejor aprovechados como plataformas de publicación.

Dentro de dos capítulos te explicaré cómo trabajar con los blogs. Ahora te cuento el porqué de su importancia.

Los blogs son fáciles de crear, modificar y mantener. Es el medio de publicación más rápido, funcional y completo, que no precisa de ningún conocimiento informático y está al alcance de todos. A diferencia de las redes sociales, el blog es tuyo, tú controlas la información que publicas en él. Y además, cada entrada o post tiene una url propia, de manera que puedes enlazar cada artículo desde otro lugar, pudiendo así difundirlos individualmente en las redes, o bien otro blog o medio puede crear un enlace directo a ese artículo. Los blogs no son complicados pero mantenerlos requiere dedicación.

Para ver lo que da de si el formato blog y el éxito de su aplicación al periodismo da un vistazo a esta completa lista de blogs de interés para periodistas, recopilada por José Luis Orihuela:

http://www.ecuaderno.com/recomendados/

El mismo autor hizo hace algunos años una introducción muy precisa a los blogs y su alcance:

http://www.unav.es/noticias/opinion/op200103.html

Tienes que ver esto

El mejor manual que existe en español
sobre blogs

La revolución de los blogs, José Luis Orihuela, La esfera de los Libros, 2006.
Hay una web del libro:

www.ecuaderno.com/larevoluciondelosblogs

En ella encontrarás, correspondientes a cada capítulo de la obra, una exhaustiva colección de recursos, recomendaciones, tutoriales y todo tipo de ayudas.

Una vez hayas dado un repaso a la lista de blogs recomendados para periodistas date una vuelta por la web de The Best of Blogs. Se trata de un concurso que cada año convoca la Deutsche Welle, la televisión pública alemana, de alcance mundial, que incluye las listas de los ganadores y los participantes: es el palmarés de lo mejorcito en blogs de todo el mundo.

http://thebobs.com/espanol/

Y finalmente entra en Technorati, el directorio, buscador y compilador de herramientas de blogs más importante:

www.technorati.com

Para publicar tu blog te recomiendo en primer lugar dos plataformas:

BLOGGER: www.blogger.com
La plataforma pionera de blogs, ahora incluida en el universo Google (puedes entrar con tu cuenta de Gmail). Fácil de usar, muy adaptable, permite incluir en el blog muchos dispositivos externos para enriquecerlo.

Tutorial de Blogger: http://escrituraperiodisticamultimedia.files.wordpress.com/2012/09/blogger-tutorial.pdf

WORDPRESS: www.wordpress.com
Wordpress se ha convertido en la plataforma de blogs líder de la blogosfera. Es muy adaptable y dispone de muchos widgets (pequeñas herramientas que permiten funciones diversas dentro del blog) y de plantillas prediseñadas.

Es posible descargarse el software de Wordpress e instalarlo en un servidor, habiendo contratado alojamiento y dominio propio, en es.wordpress.org. Pero para empezar recomiendo usar wordpress.com en la nube.

Tutorial de Wordpress: http://escrituraperiodisticamultimedia.files.wordpress.com/2012/09/wordpress-tutorial.pdf

Existe otra posibilidad, además del formato blog: una web sencilla, muy resultona gráficamente, muy visual y fácil de editar:

WIX: www.wix.com
Permite crear rápidamente una web con fotos y titulares muy aparentes. Se pueden crear varias páginas y variar los diseños. Cuando se es ducho en su edición se le puede sacar mucho partido.

Para enriquecer lo publicado

Una vez hemos abierto y puesto en funcionamiento nuestro blog o plataforma de publicación hemos de plantearnos la posibilidad de enriquecerlo con otros elementos que pueden ser utilizados con fines periodísticos: mapas interactivos, vídeo, audio, diapositivas explicativas, gráficos, etc.

Estas son algunas aplicaciones, las más importantes y adaptables al ciberperiodismo. Dentro de dos capítulos te explicaré como usarlas en tu web, ahora puedes ir descubriéndolas. Todas ellas se pueden integrar en los blogs de Wordpress y Blogger, de modo que podrás configurar cada una de ellas para el fin que desees y luego incorporarla a tu plataforma.

MAPAS GOOGLE: maps.google.com
Google Maps permite trabajar con un mapa o un fragmento de él para enriquecerlo con enlaces y localizaciones. Esos enlaces pueden conducir a webs, vídeos u otros materiales en red. Los mapas son muy útiles para aportar información geolocalizada a una información periodística, también pueden servir como documentación, pero lo más importante es que puede construirse toda una narración periodística sobre un mapa, que constituya una redacción visual que explique una noticia.

Tutorial de Google Maps para confeccionar un mapa enriquecido: http://escrituraperiodisticamultimedia.files.wordpress.com/2012/09/como-crear-un-mapa-enriquecido.pdf.

TRIPLINE: www.tripline.com
Tripline permite crear mapas animados interactivos con los cuales puedes contar un viaje o una aventura, o bien ilustrar un reportaje o la crónica de un acontecimiento en que haya habido desplazamientos.

Tutorial de Tripline: http://escrituraperiodisticamultimedia.files.wordpress.com/2012/09/guc3ada-bc3a1sica-tripline.pdf.

SLIDESHARE: www.slideshare.net
Slideshare es la mayor comunidad mundial de presentaciones gráficas. Permite subir a la red todo tipo de presentaciones (no solo en Power Point), compartirlas e insertarlas en el blog o web propios.

Formatos que soporta: pdf, ppt, pps, pptx, ppsx, pot, potx (Power-point); odp (OpenOffice), mp4, m4v, wmv, mpeg, avi, mov, mpg, mkv, ogg, asf, vob, 3gp, rm, rmvb, flv.

Una presentación incardinada en tu plataforma puede ser el resumen de una información, preferentemente una crónica o una conferencia o coloquio al que hayas asistido. También para explicar de manera gráfica cualquier elemento documental o complementario que desees incluir.

Tutorial de Slideshare: http://escrituraperiodisticamultimedia. files.wordpress.com/2012/09/slideshare-tutorial.pdf.

INFOGR.AM: www.infogr.am

Infogr.am es una herramienta para crear infografías en línea sin necesidad de tener instalada en el ordenador una aplicación infográfica. Se usa en el periodismo de datos y genera, a partir de elementos numéricos unos gráficos atractivos que permiten comprender la información. Una infografía es un diseño gráfico en el que se combina el texto con diferentes elementos visuales, que representan con figuras las informaciones numéricas. Sirve para presentar informaciones complicadas y facilitar su comprensión y permite contextualizar los personajes o los datos de la información.

Hay que estar atentos al concepto de periodismo de datos porque es una especialidad en alza en el ciberperiodismo. Incluir una infografía en tu información la enriquece enormemente y te permite diversificar no solo el aspecto sino los géneros y relatos periodísticos que publicas.

Tutorial de Infogr.am: http://escrituraperiodisticamultimedia. files.wordpress.com/2012/09/guc3ada-bc3a1sica-infogr_am.pdf.

TIMETOAST: www.timetoast.com

Para crear cronologías y líneas de tiempo, para piezas de documentación, contextualización o explicación de un acontecimiento o de sus antecedentes.

Tutorial de Timetoast: http://escrituraperiodisticamultimedia.
files.wordpress.com/2012/09/guc3ada-bc3a1sica-timetoast.pdf.

VOKI: www.voki.com
Voki es una sencilla aplicación que sirve para crear un avatar animado y poner voz a sus palabras. Se escoge un tipo de personaje,
se le asigna una voz y se introduce un texto con las palabras que ha
de pronunciar. El avatar Voki puede usarse incluyéndolo en la barra lateral del blog, a modo de presentación de ti mismo, o bien
dentro de una información para destacar en audio una declaración
o un párrafo. También crea diálogos entre dos personajes. Con ello
introduces elementos de audio en las informaciones que son diver-
tidos y fáciles de utilizar.

Tutorial de Voki en pdf: http://integrar.bue.edu.ar/integrar/
wp-content/uploads/2011/05/Tutorial-Voki.pdf.

PICASION: www.picasion.com
Con Picasion puedes crear gifs animados, a partir de fotografías o
dibujos, con los que introducir secuencias de imágenes en movimiento en tu blog o web o bien crear un avatar animado para iden-
tificarte en tu sitio o en otras redes.

Tutorial de Picasion: http://escrituraperiodisticamultimedia.fi-
les.wordpress.com/2012/09/guc3ada-bc3a1sica-picasion.pdf.

Para hacer retransmisiones de actos y acontecimientos

Una de las tareas más apasionantes del periodismo en internet es
que nos permite hacer cosas hasta ahora reservadas a la radio y la
televisión: la retransmisión en directo de un acontecimiento. Con
una total libertad, más allá de géneros periodísticos y de sus limitaciones temáticas. Puedes retransmitir cualquier evento mientras

se está desarrollando, un concierto, un partido, una manifestación, una conferencia, cualquier cosa. Y puedes hacerlo desde tu blog o web utilizando dos estupendas aplicaciones, CoveritLive y Storify.

COVERITLIVE: www.coveritlive.com
Permite retransmitir momento a momento un evento y difundirlo por Twitter, Facebook, YouTube y otras redes. Se pueden incluir fotos y vídeos.
Tutorial de CoveritLive: http://escrituraperiodisticamultime-dia.files.wordpress.com/2012/09/coveritlive-tutorial.pdf.

STORIFY: www.storify.com
Crea historias mediante cronologías que pueden incluir materiales y enlaces incluso de Facebook. Se usa para retransmitir pero también para explicar el desarrollo de un acontecimiento pasado a modo de contexto o documentación. Su característica más interesante es que se puede incluir en un blog o web, para que desde él se pueda seguir la retransmisión.
Tutorial de Storify: http://escrituraperiodisticamultimedia.files.wordpress.com/2012/09/storify-tutorial.pdf.

Para crear y editar audio y video

GOEAR: www.goear.com
GoEar es un YouTube de audio con archivos mp3. Se pueden guardar en él temas musicales y escucharlos en línea, y también declaraciones, entrevistas y todo tipo de voz periodística. Luego, estos archivos se pueden incluir en el blog o web para enriquecer otros materiales informativos o constituir por si mismo publicaciones de audio.
Tutorial de GoEar: http://escrituraperiodisticamultimedia.files.wordpress.com/2012/09/goear-tutorial.pdf.

AUDACITY: www.audacity.es
Editor de audio de software libre, puede grabar audio en directo a través de un micrófono o un mezclador y digitalizar casettes y discos de vinilo. También captura streaming de audio. Graba desde el micrófono, entrada de línea, o muchas otras fuentes, hace grabaciones multipista y permite monitorear los distintos niveles de volumen antes, durante y después del registro.
Tutorial de Audacity: http://www.jesusda.com/docs/ebooks/ebook_tutorial-edicion-de-sonido-con-audacity.pdf.

MOVIEMAKER
Movie Maker es un software de edición de video incluido en el sistema operativo Windows. Permite realizar clips multimedia (imagen y sonido) con efectos, transiciones, títulos o créditos, de manera muy sencilla y rápida.
Tutorial de MovieMaker: http://escrituraperiodisticamultimedia.files.wordpress.com/2012/09/manual-moviemaker.pdf.

PHOTOSHOP
Descarga de prueba gratuita: http://www.adobe.com/es/downloads.html
Photoshop es el mejor programa de tratamiento de imágenes que existe, una herramienta esencial para editar, crear y retocar imágenes en todos los formatos.
Tutorial de Photoshop: http://escrituraperiodisticamultimedia.files.wordpress.com/2012/09/guc3ada-bc3a1sica-photoshop.pdf.

FLICKR: www.flickr.com
Flickr es una red social de fotografía, que permite alojar y compartir fotos y vídeos. Los suscriptores de cuentas gratuitas pueden subir videos en calidad normal y 100 MB en fotos al mes, con un máximo de 200 imágenes como tope por cada cuenta gratuita.
Flickr sirve para tener tus imágenes en la nube y recurrir a ellas cuando trabajas en movimiento, o para crear un archivo de fotos que pueda ser visitado por tus lectores.

YOUTUBE: www.youtube.com
Es conveniente que crees tu propio canal en YouTube, tanto para
subir a él los vídeos que vayas a insertar luego en tu blog o web
como para que constituya tu propia red autónoma de vídeos, a la
que remitir a tus lectores.

VIMEO: www.vimeo.com
Para lo mismo que en el caso anterior. Vimeo no tiene las restric-
ciones de derechos de autor que YouTube pero a veces es más difícil insertar sus vídeos en los websites.

Sobre estos tutoriales

Los tutoriales que recomendamos aquí han sido elaborados
especialmente para estudiantes de periodismo, de modo
que la utilización de las respectivas aplicaciones está expli-
cada para ser empleada en tareas periodísticas.

Son muy intuitivos y muy fáciles de llevar a la práctica,
pues han sido redactados y editados por profesoras de periodismo y periodistas especializados en comunicación y
educación: Mireia Sanz Estapé, Marga Camps, Laia Teruel
Mena, Irina García Montero y Ana Bravo Mejía. Todas ellas
forman parte del Gabinete de Comunicación y Educación
de la Universidad Autónoma de Barcelona, dirigido por el
catedrático José Manuel Pérez Tornero y el profesor doctor
Santiago Tejedor Calvo con la asistencia de la profesora
Glòria Baena.

Estos tutoriales son utilizados por los alumnos de la
asignatura Escritura periodística en multimedia e interactivos, del segundo curso del Grado en Periodismo de la UAB.

Empieza a practicar

Desarrolla las aplicaciones web 2.0

Bueno, amigo lector, ¡se te amontona el taller! Tienes muchas herramientas a tu disposición cuyo funcionamiento has de aprender. Pero no te arredres y procede con método:

- Empieza a practicar con las aplicaciones que te llamen más la atención, no quieras aprenderlas todas a la vez.
- No esperes a tener un conocimiento exhaustivo de la aplicación; utilízala enseguida que puedas y ve aprendiendo sobre la marcha, intuitivamente y con la ayuda del tutorial, a base de prueba y error.
- Cuando ya tengas una aplicación dominada, incorpórala a tu web y a tu tarea.
- Comienza antes que nada a funcionar con las primeras utilidades del apartado «Para administrar los materiales que encuentras en la red».
- No te atasques en este capítulo, sigue adelante con el libro y regresa a él a medida que vayas practicando y avanzando.

4

ESCRIBIR PARA LA WEB: LEGIBILIDAD Y TEXTUALIDAD EN EL ENTORNO DIGITAL

Claro, conciso, concreto y breve. La prosa funcional de la escritura periodística es en el ciberperiodismo una prosa visual al servicio del usuario.

Escribir para internet quiere decir escribir para ser leído en una pantalla. Pero hay mucho más: significa comunicar en tiempo real; con posibilidad de renovación inmediata de los contenidos publicados; escribir con hiperenlaces; con interactividad; en un entorno colaborativo; con narrativas multimedia.

Como consecuencia de todo ello —y a causa de los hábitos que ha introducido internet en los procesos de lectura, visionado y adquisición de información— las personas que leen en una pantalla son gente impaciente.

El lector de medios digitales es un lector instantáneo, rápido y apresurado. Quiere encontrar enseguida lo que le interesa, si no lo encuentra pasa de ello y a otra cosa mariposa.

Pero en realidad siempre ha sido así. En la película *Primera plana* de Billy Wilder, un clásico del cine sobre periodismo producido en 1974, un personaje dice: «¿Y quién demonios lee el segundo párrafo?».

Si el segundo párrafo de una información es difícil de leer para los lectores de los periódicos, imagínate para los internautas que leen en una pantalla.

Entonces nos remitimos de nuevo a la clave de la escritura periodística, las 3 C de que hemos hablado en el capítulo 2: claro, conciso y concreto, y les añadimos una B: breve.

La escritura y la edición periodística siempre han oscilado entre la necesaria brevedad que permita ser leídos por la mayoría de público y la extensión suficiente para poder proporcionar la información suficiente que permita comprender lo leído.

En el momento de ponerse a escribir para la red es importante ejercitarse en las habilidades descritas en el capítulo 2 aplicándolas en clave de brevedad.

Ello implica asimismo una mayor precisión y selección de los contenidos. El «no te enrolles» se aplica aquí como «incluye lo imprescindible» y que ello baste para informar de la manera más exacta posible.

En la pantalla informativa:

▶ Los títulos son aún más importantes.
  — Se ven más, de ellos depende que el lector se quede en la página o se vaya, porque suelen incluir hiperenlaces.
▶ Las entradillas han de ser más condensadas y precisas.
  — Es poco probable que el lector vaya más allá. La lectura de titular más entradilla y basta se da todavía más en internet.
▶ Los textos han de ser más breves, las informaciones deben tener pocos párrafos.
  — La pirámide invertida debe ser aplicada con más exigencia y precisión.

En ciberperiodismo, a causa de lo que acabo de explicar, existe un imperativo por encima de todo, que incluye todas las demás consideraciones: primero, el lector.

La evolución de los medios de comunicación de masas nos hizo olvidar ese principio general, y de ahí gran parte de la crisis en que están sumidos. En internet no tenemos excusa: la red nos pone frente a frente, personalmente, de cara a nuestro lector. Lo virtual no despersonaliza sino todo lo contrario; la capacidad de respuesta e intervención de nuestros lectores, el contexto colaborativo de la web 2.0 nos obliga a ser mucho más cuidadosos con el modo en que escribimos y publicamos. Estamos obligados a la precisión y a la legibilidad.

Veamos cuáles son los factores que ayudan en estas tareas.

Escribir para ser leídos en una pantalla

Lo primero que hemos de tener en cuenta es que escribimos y publicamos para ser leídos en una pantalla. No es lo mismo leer en un papel que en una pantalla, hacerlo en esta última es más molesto y por tanto inestable. Genera fatiga visual por lo que existe menos concentración, y además hay más impaciencia, a causa de hábitos adquiridos en la navegación. La lectura es más lenta y se leen fragmentos más cortos de texto.

Más que leer cuando se encuentra ante una pantalla, el usuario escanea. Da vistazos rápidos a la página buscando frases o palabras clave, según su interés o lo que le llama la atención. Si no encuentra lo que busca, se va. Y como navega armado del ratón, busca enlaces y tiende a desplazarse de un lugar a otro.

El lector no se queda en una sola página; las páginas que no le dan los recursos necesarios para identificar rápidamente su centro de interés son abandonadas. Una página que es visitada no es necesariamente leída.

Los lectores se comportan así ante una pantalla:

▶ Las cuatro estrategias de la lectura hipertextual:
  — Rastreo (*scanning*). El lector busca un contenido concre-
    to y trata de localizarlo mediante una lectura superficial
    de lo más destacado.
  — Exploración (*browsing*). El lector se mueve sin un objeto
    específico, trata de hacerse una idea general del conjun-
    to.
  — Búsqueda (*searching*). El lector tiene un interés muy de-
    finido y se centra en él. Conoce el hipertexto en el que
    se mueve.
  — Divagación (*wandering*). El lector se desplaza sin rum-
    bo; el placer de la lectura depende más del movimiento
    y el cambio que de la información obtenida. A menudo
    la divagación no es deseada sino fruto de la incapacidad
    de practicar las estrategias anteriores.

Hypertext: theory into practice, Ray McAleese,
Oxford, Intellect, 1999.

El proceso de escaneo ha sido objeto de estudios científicos, los
cuales concluyen que el ojo del lector se desplaza siguiendo una F
imaginaria.

El usuario comienza desde el ángulo superior izquierdo de la
página y se desplaza por ella horizontalmente (primera raya horizontal dela F); luego baja un poco por el palo de la F y hace otro
recorrido horizontal pero más corto que el anterior (segunda raya
de la F); finalmente hace un recorrido vertical por el palo de la F
hasta abajo, y no del todo.

Por tanto, hay que pensar la importancia de los elementos a
distribuir en la página de acuerdo con esa F.

El primer titular o elemento de la parte superior de la página, a
partir de la izquierda, será lo más importante.

Las primeras palabras de los titulares que aparezcan en vertical desde la izquierda (palo de la F), lo siguiente más importante.

Los dos primeros párrafos de los textos situados en la franja superior de la página deberán incluir la información más importante.

En la práctica, la F se convierte en una L invertida, y a lo largo de ella se distribuye la importancia de los contenidos incluidos.

Es imprescindible que sepas

Los 10 criterios que hay que seguir para componer una pantalla informativa

1. La composición de una pantalla informativa debe centrarse en la conciliación entre el dinamismo en la presentación de los contenidos y la adecuación a los criterios estándares del diseño de páginas web.

2. El criterio básico para la presentación de los contenidos en la pantalla será el de la escaneabilidad de la información. Textos cortos, información muy precisa y sin ambigüedades, resaltado de palabras clave y edición con la clave de su publicación en internet son las principales acciones a realizar.

3. La página en la pantalla informativa debe dar al usuario todos los elementos para que pueda saber dónde está, saber dónde ha estado y saber qué puede hacer, a partir del lugar en el que se encuentra.

4. El diseño de la página debe situar el contenido más importante en los puntos más frecuentados por el ojo del usuario. La L invertida representada en la página debe contener la información principal.

5. La pantalla informativa necesita ser útil para el usuario. Debe brindar la información exacta que él necesita y permitirle realizar tareas básicas, por lo menos las convencionales para los usuarios de la red.

6. El diseño y la estructura de navegación deben responder al criterio de la uniformidad en todas las páginas que componen el sitio web.

7. El usuario debe poder hacer un uso eficiente de la página que visita a partir de la primera vez que entra en ella.

8. Asimismo, la pantalla informativa debe conducir al lector a realizar tareas y a visitar las páginas interiores de acuerdo con el criterio del funcionamiento intuitivo de la red.

9. Ante todo se deben evitar los elementos que generan ruido en la comunicación entre el usuario y la interfaz. La página, por tanto, necesita implementar las siguientes directrices:

   a. Usar comandos y botones universales.

   b. Tener consistencia en el uso de comandos y botones en todos sus elementos.

   c. Plantear los objetos con una utilidad específica, intuitiva y funcional para el usuario.

   d. Garantizar el proceso de retroalimentación entre la pantalla y el usuario.

   e. Contar con información suficiente en los mensajes de error emitidos.

   f. Evitar la duplicidad de la información.

10. La pantalla necesita adecuarse a los criterios de simplicidad y de funcionalidad que demandan el ejercicio del periodismo desde el ciberespacio.

Fuente: *Ciberperiodismo. Libro de estilo para ciberperiodistas*, Santiago Tejedor Calvo (coordinador y editor), ITLA. Santo Domingo, 2010.

Simplicidad y funcionalidad: he ahí las palabras clave de todo el asunto. En ciberperiodismo, menos es más. Claro, conciso, concreto y breve. Y funcional: no hay adornos sino cosas útiles. El ojo que transita por la pantalla se cansa y la mente divaga y se va a otra parte. Recuerda al gran cineasta Billy Wilder: nadie lee el segundo párrafo.

Breve y funcional no quiere decir pobre. Todo lo contrario. La riqueza de un sitio web informativo reside en la calidad de la información que incluye, la claridad para utilizarlo y la precisión al explicarlo.

La lectura de nuestro sitio web será siempre una lectura rápida, y hay que facilitar formatos para que sea así. Hay que contar con la coherencia entre la forma y el contenido.

Cuando el lector tiene que hacer *scroll* en la web porque encuentra textos largos, abandona y pasa a otra cosa. La prosa funcional que es la escritura periodística constituye, en ciberperiodismo, una escritura utilitaria: títulos, *leads*, párrafos cortos, ladillos (intertítulos), destacados e hiperenlaces. También fragmentos o párrafos cortos separados del texto principal, gráficos, listas, y elementos multimedia. Esa escritura utilitaria se practica en clave de prosa visual.

En ciberperiodismo la información debe ser rápida y clara pero también completa y detallada. Ese es el equilibrio difícil de alcanzar. Por ello hay que ejercitarse en la escritura periodística mediante las 3 C, las 6 W y la pirámide invertida. Unas 25 líneas de texto puede ser considerada una extensión suficiente. O bien el 30% de la extensión que ese texto tendría si se publicara en un medio impreso.

Una norma útil es centrar cada párrafo en un tema, y cuando es necesario fragmentar el texto, hacerlo en divisiones centradas en un solo tema.

Todo esto no implica que el contenido ciberperiodístico tenga que ser pobre. Existen dos medios que introducen la riqueza informativa en esos formatos tan sucintos: la narrativa multimedia y la escritura hipertextual.

¿Texto o multimedia?

Ambas cosas. Por más que pueda parecer lo contrario, lo primero que mira alguien que visita una página web es el texto. No hay nada que supere en inmediatez y claridad informativa a un titular o un *lead* bien redactados. El ciberperiodista debe dominar el arte de la titulación para informar a su lector al primer golpe de vista.

El potencial del multimedia reside en su expresividad. Por tanto hay que seleccionar adecuadamente si utilizaremos texto, foto, vídeo, audio o gráficos de acuerdo con el tipo de información que vamos a presentar y su naturaleza, obteniendo finalmente una estructura complementaria.

Una pieza multimedia es potente cuando sus elementos no son redundantes sino complementarios.

El texto es rápido de identificar a condición de que sea breve. Informa de manera inmediata.

La imagen es expresiva. Centra la atención y refuerza conceptos. Ilustra, muestra, impacta.

El audio tiene gran fuerza comunicativa y expresiva, causa impacto.

El vídeo confiere credibilidad, da sensación de realismo, permite diversos tratamientos estilísticos y da la sensación de un producto más completo.

Sin embargo, producir y editar audios y vídeos de calidad es laborioso y complejo. Un audio chirriante o un vídeo mal editado con sonido deficiente dejan una impresión lamentable en el usuario: no volverá.

Es conveniente pues que vayamos introduciendo progresivamente audio y vídeo en nuestras publicaciones a medida que los vayamos dominando.

Por lo que respecta a la imagen, hay que tener en cuenta la mala práctica generalizada que existe en la red de publicar fotos pilladas de otras webs sin respetar los derechos de autor ni citar la fuente. Cuando queramos usar una foto que hayamos visto en otro lugar tenemos que comprobar que está permitido reproducirla. Si lo hacemos, debemos incluir al pie lo siguiente: Fuente: fulanito de tal (el nombre del fotógrafo) o por lo menos el medio o agencia de noticias de la que procede). Nunca deberíamos publicar una foto o imagen sin crédito.

Es necesario también poner pies descriptivos a las fotos o gráficos. Dicen que una imagen vale más que mil palabras pero el pie de foto periodístico es necesario para contextualizar debidamente lo que se ve en ella.

Una vez se tiene claro el papel de cada uno de los elementos multimedia podemos plantearnos hacer narrativas multimedia: estructurar la información a publicar articulando los diversos elementos.

Para ello debemos:

▷ Pensar qué elementos multimedia podemos utilizar según las circunstancias que concurran en esa información.
▷ Tener en cuenta nuestra capacidad de confeccionar esos elementos multimedia.
▷ Atribuir a cada elemento multimedia los elementos de la información que deberá narrar.
▷ Trazar un esquema de los elementos multimedia con sus respectivos elementos informativos en orden sucesivo y complementario, y comprobar que todos ellos narran la historia que queremos relatar.
▷ Finalmente, producir, editar y publicar los elementos de la narración multimedia.

La escritura hipertextual

El hipertexto es la estructura no secuencial de un sitio web, que agrega, enlaza y comparte información de diversas fuentes por medio de enlaces asociativos. Un hiperenlace es un punto determinado, convenientemente programado, de un texto, una imagen o un elemento en la página web que, clicando en él, nos da acceso a otro elemento hipertextual (igualmente, texto, imagen u otro elemento).

El criterio es, al crear un enlace, hacer que el lector sepa siempre dónde va a ser llevado y qué tipo de contenido va a encontrar. Máximo tres enlaces por párrafo.

Para crear enlaces, hay que diferenciarlos poniéndoles color, nunca rojo o morado, porque entonces se confunden con un enlace ya visitado, y no escribir «haz clic aquí» sino unas palabras denotativas o descriptivas del contenido al cual conducen, integradas en el sentido y la estructura de la frase.

Un título puede ser un enlace, que nos introduce a otro contenido especialmente relevante: una puerta de entrada a una pieza completa y autónoma.

Hay que plantearse la estructura hipertextual de un texto antes de editarlo y publicarlo. Creamos hiperenlaces para:

- Crear ramas de ampliación, extensión o continuación de un texto presentado de manera breve.
- Aportar documentación, contextualización o información complementaria.
- Estructurar una narración sucesiva o axial. Sucesiva: continuación de la información, de manera lineal. Axial: incorporación de contexto y documentación, en forma de estrella.
- Conducir al lector a otros sitios web donde se encuentra información relevante, generalmente complementaria, relativa al texto. En este caso es conveniente que el enlace lleve

a la página web concreta donde se halla la información y no a la página principal general del sitio web.

Hay que tener en cuenta un peligro: que un hipertexto se convierta en una especie de enciclopedia de enlaces.

La pirámide invertida en el entorno digital

Teniendo en cuenta todo lo expuesto en este capítulo, volvamos a la pirámide invertida como estrategia de escritura periodística. Quizás podrías releer lo que explico de ella en el capítulo 2 para refrescarlo. La pirámide invertida nació de una determinación tecnológica: fue creada por los periodistas norteamericanos cuando comenzaron a utilizar el telégrafo para transmitir sus informaciones a la redacción de su periódico y se encontraron con que la línea telegráfica se interrumpía muy a menudo, a causa de interferencias técnicas o accidentes en la instalación. Por ese motivo se vieron obligados a transmitir en primer lugar lo más importante de la noticia por si la comunicación se interrumpía, y en ese caso, ir transmitiendo los elementos restantes sucesivamente en gradación según su importancia.

La eficacia de la pirámide invertida se impuso hasta el día de hoy, a partir del modelo de periodismo anglosajón, partidario de una información equilibrada, independiente, centrada en el relato de los hechos más que en su interpretación o comentario.

El entorno digital y el ciberperiodismo han vuelto a poner de relieve la pirámide invertida como modelo principal de escritura periodística eficiente, en un momento en que desde muchos puntos de vista se la había cuestionado, en favor de otros modelos redaccionales. A la pirámide se le había criticado una supuesta rigidez pero ella es fruto más bien de la falta de habilidad en la escritura que de la propia estructura del modelo.

La web y la consiguiente necesidad de claridad, concisión y brevedad en las informaciones vehiculadas por ella han ocasionado el resurgimiento de la pirámide invertida. La eficacia de este modelo es especialmente relevante para el ciberperiodismo porque permite centrar la escritura periodística en los parámetros de legibilidad, claridad, brevedad y estructuración necesarios en el medio digital.

Y la pirámide invertida es especialmente para quienes se inician en la práctica del ciberperiodismo porque les permite abandonar sus insuficiencias o limitaciones en el abordaje de la valoración periodística de la información, la jerarquización de la misma y su escritura. Estos tres imperativos ineludibles en cualquier forma de periodismo cobran especial relieve en el entorno digital, visto lo expuesto hasta ahora en el presente capítulo.

La estructura hipertextual de los medios digitales aporta una dimensión muy valiosa a la pirámide invertida: la posibilidad de desarrollarla en niveles distintos.

- Primer nivel de utilización.
  - Ubicación del texto entero en una misma página web.
- Segundo nivel de utilización.
  - Texto lineal dividido temáticamente en la misma página web.
  - La evolución decreciente de la pirámide se presenta en fragmentos separados, encabezado cada uno por un título.
- Tercer nivel de utilización.
  - Texto lineal dividido en subtemas que aparecen en distintas páginas.
  - En la primera página hay un arranque (titular y *lead*) que contiene enlaces a distintas páginas, en las que continúa la narración en fragmentos separados. El usuario reconstruye la narración según sus opciones de navegación mediante los enlaces.

Fuente: *Como escribir para la web*, Guillermo Franco,
Knight Center for Journalism in the Americas.

La opción por uno u otro nivel de utilización está en función de:

- La longitud y/o complejidad de la narración.
- Las posibilidades de la estructura en páginas del sitio web.
- La conveniencia de utilizar los elementos multimedia de la narración.

Para saber más

Un manual útil para descargar

Las enormes posibilidades de la escritura hipertextual, la titulación y la usabilidad superan los límites de este libro introductorio al ciberperiodismo. Existe un desarrollo muy complejo de la estructura redaccional e hipertextual de los sitios web cuyas posibilidades figuran en un libro que utilizamos en la asignatura Escritura periodística en multimedia e interactivos en la UAB y que puedes descargar gratis:

Como escribir para la web, Guillermo Franco. Knight Center for Journalism in the Americas.

Descarga en PDF:

https://knightcenter.utexas.edu/Como_escribir_para_la_WEB.pdf

La titulación ciberperiodística

La titulación es una de las cosas que lleva más de cabeza a los estudiantes de periodismo. Titular es un arte, pero se aprende de dos maneras: practicando la titulación y acostumbrándose a pensar como un periodista. Si has comenzado a practicar lo expuesto en el capítulo 2 te habrás encontrado con que los títulos que te salen son horribles. Hay que insistir, y además, mirar las realidades que te rodean y explicártelas a ti mismo en forma de titular periodístico. Parece un juego tonto pero es una manera de pensar periodísticamente. Otro truco es, como dije, someter cualquier hecho a las 6W, extraer de ellas las dos W más importantes y con ellas —o con una sola— construir el título.

A la hora de escribir un título, hay una regla infalible:

 Es una oración simple y breve, con intención informativa, que responde a las preguntas Quién y Qué de las 6W. Debe ser suficiente por sí mismo para dar cuenta de la noticia, sin necesidad de ningún otro elemento ni de contexto alguno.

Ahora retoma las notas de los títulos horribles que has escrito en tus prácticas y vuelve a redactarlos según esta regla, a ver qué te sale.

La necesidad de que el titular sea preciso, atractivo y conciso es aún más aguda en el ciberperiodismo. Una pantalla es más pequeña que una página de periódico, y la parte de página web que aparece en ella sin hacer *scroll* suele dejar solo al título sin otros elementos que aparezcan ante la mirada y den cuenta de cierto contexto o alcance.

Es necesario pues que la precisión descriptiva del título sea total. El título debe entenderse sin su contexto porque la visión se centra aún más en él. Y debe ser atractivo tanto para llamar la atención sobre él como para impulsar al lector a que continúe leyendo.

En un cibermedio, a diferencia de un periódico, se usan menos los bloques de titulares, formados por antetítulo, título, subtítulo y *lead*. Estos permiten, en la prensa impresa, desplegar otras implicaciones informativas en el primero y el tercero, para centrar el título en la respuesta exacta a las 2 W principales. Pero en las reducidas dimensiones de la pantalla el título se queda solo para cargar completamente con la tarea informativa que se le atribuye.

El título, además, suele llevar asociado un enlace a un elemento de hipertexto que conduce a la información completa. Ello hace que de él dependa la continuación de la lectura en alguno de los tres niveles de utilización de la pirámide invertida hipertextual.

La utilización de títulos informativos en ciberperiodismo es fundamental puesto que posee una unidad autónoma de contenido e incluye palabras clave que son relevantes en el momento que el usuario escanea la página.

Existen, por supuesto, otros tipos de titulación, que corresponden a géneros periodísticos distintos del estrictamente informativo, pero aquí nos centramos en lo fundamental e imprescindible: aprender escritura ciberperiodística eficiente.

Es muy importante evitar escribir títulos que contengan juegos de palabras, sean ingeniosos, metafóricos o humorísticos, porque son un agujero negro por el que se escapa toda la contundencia de un buen título informativo. Lo que el redactor cree gracioso al lector le puede parecer una tontería, y hay que evitar a toda costa esta posibilidad; como hemos dicho al principio de este capítulo, el lector es lo primero.

La edición como control de calidad del cibermedio

La adecuada preparación, corrección y edición de los textos y de todos los elementos que han de formar parte de una página web es una tarea ineludible, de cuya correcta realización depende la calidad última del cibermedio. Sin embargo, como es un trabajo que se realiza al final del proceso de producción ciberperiodístico, nos pilla un tanto cansados y con ganas de terminar, por lo que demasiado a menudo solemos llevarlo a cabo con prisa y desgana.

Olvidamos con ello que los puestos de responsabilidad periodística en los medios llevan asociadas tareas de edición, supervisión y gestión, de modo que el periodista más preparado y capaz es el más eficiente en la preparación del producto informativo final.

En el caso de los cibermedios, un solo periodista suele realizar un trabajo multitarea con diversas tecnologías implicadas, con lo que es más probable que se le multipliquen las ocasiones de error que a otro profesional de otro medio.

Cuando gestionamos nuestro propio cibermedio, blog o web, estamos solos para asumir esa responsabilidad, de modo que no disponemos de otro compañero que haga de supervisor (a no ser que trabajemos en equipo) que sea capaz de identificar errores que a nosotros nos han pasado inadvertidos.

Una vez terminada la tarea de redacción textual y producción multimedia debemos:

▶ Revisar todos los textos y corregirlos en cuanto a ortografía, sintaxis y estilo. Los correctores automáticos de los procesadores de texto no son suficientes, e inaplicables cuando escribimos en línea directamente sobre los gestores de contenidos. El periodista tiene un diccionario completo en la cabeza porque es un escritor profesional.

- Comprobar que todos los enlaces funcionen. Parece una tontería pero siempre se escapa alguno.
- Comprobar que los vídeos y audios corran bien.
- Observar que las fotografías y gráficos tengan las dimensiones adecuadas una vez puestos en página y que en conjunto no ofrezcan alguna visión o efecto deformante, grotesco o inadecuado.
- Comprobar que los titulillos, destacados u otros epígrafes en la página son coherentes.
- Proceder a incorporar a los textos un tratamiento de destacado de palabras o frases clave en negritas.
- Cuidar que se haya utilizado la tipografía adecuada. Las fuentes más legibles en los cibermedios son las sans serif (sin perfiles, letras de palo seco) y entre ellas, las fuentes Verdana, Arial y Georgia. Y cuidar de no mezclar más de dos fuentes en una misma página.
- Vigilar que no haya un excesivo uso de negritas, cursivas y mayúsculas. Negritas: para destacar palabras clave o frases muy breves y así evitar una excesiva uniformidad del texto. Cursivas: evitarlas al máximo, solamente para enfatizar alguna palabra, en sentido irónico o sarcástico, o el título de una obra. Mayúsculas: solamente como capitulares y según manda la gramática, nada de palabras, frases o incluso párrafos todo en mayúscula, como sucede en algunos correos o posts en foros o redes. Aunque la gente no lo crea, las mayúsculas se leen peor que las minúsculas.

Empieza a practicar

Adapta tu escritura periodística a la web

Recupera los ejercicios que has hecho a partir del capítulo
3. Trata de adaptarlos a las recomendaciones del capítulo 4.
Comprueba si debes cambiar algo, y si es así, por qué.
Observa el resultado y piensa si te satisface. Seguramente tendrás que rehacer títulos y *leads*.

Dedica tiempo a practicar con pirámides invertidas.
Toma las que hayas redactado en el capítulo anterior y trata
de reformularlas de acuerdo con lo que se aconseja en el
capítulo presente. Comprueba cuáles son las dificultades
con que te encuentras.

Prueba a redactar informaciones en pirámide invertida
tal como lo propongo en el presente capítulo 4 en sus diferentes niveles de utilización.

Una vez hayas hecho las anteriores prácticas —para poder transcurrir de la escritura periodística a la ciberperiodística— haz un último ejercicio nuevo desde el principio:
toma una información y redáctala en pirámide en tercer nivel de utilización, con material multimedia.

5

CONSTRUYE TU CIBERMEDIO Y COMUNICA DESDE TU PROPIA PLATAFORMA

La evolución de la web 2.0 nos libera de complicaciones tecnológicas para producir un sitio en la red. Lo que cuenta es tener algo que decir y saber comunicarlo con los medios literarios, audiovisuales y gráficos adecuados.

La web 2.0 ha puesto a disposición de cualquier persona capaz de enviar un correo electrónico la posibilidad de comunicar en internet desde un medio propio. Antes de la eclosión de Facebook y Twitter, fue la aparición de los blogs lo que lo hizo posible. Mediante la disponibilidad de diversas plataformas tecnológicas para la publicación y gestión de blogs, ya no es necesario tener conocimientos de informática y programación o de diseño gráfico o digital y arquitectura web para tener un website propio mediante el cual publicar, intervenir, difundir e informar.

La eclosión de los blogs, a inicio de los años 2000, consiguió un impacto social de enorme magnitud, sobre todo en los ámbitos del periodismo, la educación y la empresa. Su contribución principal ha sido la democratización del acceso a la publicación en red: al eliminar la mediación editorial, y más allá de esta, la posibilidad de hacer surgir multitud de nichos temáticos y relacionales correspondientes a públicos muy diversos hasta entonces privados de una posibilidad de intervención pública que los medios de comunicación de masas no eran capaces de proporcionar.

En sus inicios, algunos observadores superficiales consideraron a los blogs como una especie de diarios de adolescentes narcisistas —del mismo modo que ahora atribuyen todo tipo de perjuicios a las redes sociales; no aprenden— pero el medio blog ha ido evolucionando tanto por lo que respecta a su tecnología como a sus lenguajes. A lo largo de esa evolución, el blog se ha revelado como plataforma, medio informativo y recurso complementario para los periodistas profesionales. Y al mismo tiempo ha permitido a quienes no lo son tener una presencia de tipo informativo en la sociedad.

Hay que tener clara a este respecto una idea fundamental: escribir y publicar blogs no hace de alguien un periodista. No todo lo que se publica en los blogs es periodismo, pero los periodistas tienen en los blogs un medio de enormes posibilidades. Y quienes no lo son encuentran en él la manera de ir realizando un aprendizaje progresivo que puede conducirles a practicar formas de periodismo perfectamente aceptables como tal.

Es necesario pues separar el medio del género. Los blogs no han sustituido al periodismo ni a los medios informativos tradicionales pero les han obligado a cambiar. Desde la invasión de Irak en 2003 hasta la actualidad, todos los medios informativos han ido incorporando los blogs y adaptándolos a sus tareas informativas. Existen blogs personales de periodistas, blogs corporativos de medios, blogs transitorios que sirven para hacer eventuales coberturas informativas, blogs sobre medios y periodismo y por supuesto, blogs de lectores.

Las plataformas de gestión y publicación de contenidos utilizadas para la creación de blogs han ido evolucionando durante la última década, hasta el momento que es posible emplearlas para hacer blogs sencillos —pero eficaces e impactantes— y sitios webs complejos —cuya eficiencia dependerá no de la complejidad técnica sino del tino comunicacional de su autor. Por eso yo propongo aquí utilizar una plataforma blog para construir tu propio cibermedio, por las razones siguientes:

▶ Utilizarás una tecnología siempre asequible, sólida y muy bien integrada en el entorno web 2.0 y compatible con sus herramientas y dispositivos.

▶ Tendrás un medio gratuito sin otro condicionamiento que, en algunos casos, la aparición de breves módulos publicitarios.

▶ Trabajarás en la nube, alojado en las grandes plataformas de esas tecnologías y, cuando lo desees, podrás pasarte a contratar un dominio y alojamiento propios (cosa que no es imprescindible y ni siquiera necesaria).

▶ Emplearás un medio con recursos suficientes, y a veces más que suficientes, por lo que respecta al diseño, estructura, posibilidades comunicativas, edición y adaptabilidad a los nuevos dispositivos móviles (teléfonos inteligentes y tabletas).

La fortaleza de los blogs como formato y plataforma tecnológica no se debe únicamente a estas razones. El motivo de sus posibilidades tan amplias reside en estos elementos:

▶ La separación entre diseño y contenidos permite que ambos se adapten continuamente y se modifiquen por separado sin interferirse. Además, permite que podamos disponer del RSS (ver capítulo 1) para obtener un flujo continuo de actualizaciones de los contenidos.

▶ El hecho de que cada entrada (post) del blog tenga su propia url hace que pueda enlazarse desde otros medios esa entrada determinada y no el website entero. Ello permite que en Facebook, Twitter o cualquier otra red podamos difundir exactamente ese mismo elemento separado, llamando la atención sobre él.

▶ El dispositivo técnico conocido como *trackback* o *pingback* (retroenlaces), consecuencia de las url múltiples e independientes, incrementa las posibilidades de que las publicaciones en los blogs se integren en redes externas a ellos.

▶ La cronología inversa en que se publican las entradas de los blogs, con la más reciente primero, dota a esos websites de una apariencia de actualidad y dinamismo que aún no ha sido superada por otros formatos web.

Propongo que utilices Blogger y Wordpress como plataformas para crear tu cibermedio, optando por una u otra para comenzar. Lo aconsejable es que primero experimentes con Blogger y luego pruebes con Wordpress; la primera es muy intuitiva y fácil de utilizar, y la segunda tiene en principio más posibilidades de adaptación para desarrollar medios que, partiendo del formato blog, se aproximan más a las webs generales.

Para ver esas posibilidades de evolución, fíjate en un blog y una web confeccionados ambos con Wordpress: mi blog personal: http://gabrieljaraba.wordpress.com. Y mi portal web: www.gabrieljaraba.com

El blog está hecho con una plantilla de Wordpress tal como viene propuesta por la plataforma, con el blog alojado en el servidor de esa empresa. La web está alojada en mi propio servidor, con mi propia url, utilizando una plantilla de Wordpress (de pago, unos 50 €) adaptada a mi completo gusto y cambiando tipografías y colores.

Es imprescindible que sepas

Empezar a usar Blogger y Wordpress

Para tener un blog Wordpress alojado en esa plataforma basta con abrir una cuenta en wordpress.com. Pero si quieres bajarte una plantilla para construir tu blog en tu propio servidor debes hacerlo desde wordpress.org.

Por lo que respecta a Blogger, si deseas operar del segundo modo, existe en la red una enorme oferta de plantillas gratuitas, basta con que goglees «plantillas blogger» o «blogger templates» y hallarás multitud de sitios de donde descargarlas.

Pero empieza por lo fácil: abre un blog en Blogger y experimenta. Luego prueba con Wordpress y evoluciona. La decisión del dominio propio y el control total sobre la plantilla corresponde a un grado de mayor experiencia.

Comienza, pues a experimentar. No importa que te equivoques, todo puede ser rehecho e incluso borrado. Si no te gusta lo que te ha quedado puedes eliminar el blog definitivamente y abrir otro nuevo, o bien ir abriendo diversos blogs sucesivamente hasta conseguir lo que deseas. Para que no tengas que volver las páginas de este libro hacia atrás te recuerdo los lugares desde los que descargar los tutoriales de Blogger y Wordpress (si no lo has hecho ya):

TUTORIAL DE BLOGGER
http://escrituraperiodisticamultimedia.files.wordpress.com/2012
/09/blogger-tutorial.pdf

TUTORIAL DE WORDPRESS
http://escrituraperiodisticamultimedia.files.wordpress.com/2012
/09/wordpress-tutorial.pdf

Primeros pasos: cuida tu identidad digital desde el inicio

Las primeras decisiones que hay que tomar cuando se abre un blog son importantes: el sistema te pide que optes por escribir la url de tu blog (que será así: elnombredetublog.blogspot.com o elnombredetublog.wordpress.com). Y luego que le pongas nombre al blog.

La primera es decisiva. La url es la identificación de tu website que se sitúa en primera línea de visibilidad. Los buscadores, especialmente Google, rastrean sistemáticamente la red identificando los websites para poder ordenarlos y proponerlos cuando se realiza una búsqueda. Por tanto, es conveniente que la url contenga una o varias palabras clave relevantes a este efecto, que por supuesto pueden ser tu nombre si crees que tu identificación personal sea lo primero.

La url debe ser fácil de pronunciar y recomendar cuando se la digas a alguien. De viva voz, pero también por escrito, que no haya lugar a errores de transcripción al anotarla o reproducirla en la ventana del navegador.

La segunda decisión hay que considerarla con calma. El nombre de un blog o web es una marca. Por tanto, debe:

▶ Identificar el producto con claridad y sin lugar a equívocos.

▷ Describir en lo posible el producto y su contenido, o por lo
  menos, apuntar hacia él.
▷ Ser eufónico y permitir que se le recuerde con facilidad.

El nombre de tu blog es el equivalente a la cabecera de un periódico o revista o al título de un programa de televisión o radio. Es
el nombre de tu medio, y por tanto, su insignia, que deberá ser
asociado a las cualidades y valores de lo que publicas y del medio
en que lo haces. Es una condensación de lo mejor de tu trabajo,
algo de lo que estar orgulloso. Dedícale tiempo; mientras trabajes
en su creación te vendrá a la mente multitud de ideas relacionadas con sus contenidos, diseño, posibilidades, etc., que deberás
anotar simultáneamente en tu cuaderno de trabajo vinculado al
blog.

Existe además otro elemento identificativo del blog: el descriptor. Se trata de una breve frase colocada debajo o al lado del título
del blog, que sirve para describir un poco más detalladamente su
orientación o contenido. Ello nos amplía un poco las posibilidades
pero es igualmente comprometido: es un espacio breve y por tanto
hay que:

▷ Sintetizar en una frase lo que consideramos prioritario en la
  identificación del blog.
▷ Llamar la atención del lector hacia una cualidad, característica o valor determinados del blog.
▷ Ver si existe coherencia y correspondencia entre el título
  del blog y el descriptor.
▷ Probar una y otra vez porque a la primera casi nunca sale.

La identidad digital en internet es un tema muy amplio y complejo
que supera el ámbito del presente libro. Pero es un asunto que
hay que cuidar desde el primer momento, porque para ser visibles
en la red, identificados adecuadamente y comprendidos conve-

nientemente es necesario cuidar muchísimo cómo nos presentamos en ella. Al pretender practicar el periodismo en la red y publicar contenidos de calidad en ella dejamos de ser simples internautas normalitos para adquirir compromisos comunicacionales vinculados a la responsabilidad respecto a los lectores y la sociedad.

Otro asunto importante es la inclusión de un breve resumen biográfico sobre nosotros. Al lector le interesa saber quién hace ese blog, para hallar más pistas que le ayuden a situarse en su lectura (y saber si es posible de qué pie calza).

Es necesario en este apartado ser muy prudente y cauteloso. Ceñirse a los aspectos profesionales, o relacionados con el contenido del blog. Evitar excesiva exposición personal, no contar aspectos íntimos que no deben interesar a nadie. Sí que es pertinente incluir brevemente alguna pincelada en este sentido, incluso con un poco de humor (sabiendo que una cosa es el humor y otra hacerse el gracioso). Evitar la autoironía y sobre todo la modestia excesiva: «Soy un aprendiz de escritor y periodista que trata de hacer una modesta aportación». No; explica quién eres, qué haces y qué pretendes con el blog, con claridad, dignidad y de manera sucinta.

¿Le ponemos una foto a esa bio o no? No es malo ser identificado mediante la propia imagen. Lo que hay que evitar es el narcisismo, la fatuidad y las excesivas pretensiones. Pero es lícito poner una foto en que se te vea vinculado a una actividad relacionada con el blog: si haces un blog informativo sobre carreras populares, running y atletismo podrías aparecer corriendo o haciendo estiramientos, por ejemplo (si es que practicas ese deporte, si no, no).

Las fotos de los gatitos, los colegas y no digamos parientes e hijos no tienen cabida ahí, por supuesto.

¿Por dónde empiezo? ¿De qué escribo?

Empieza por saber qué quieres comunicar exactamente. De qué temas va a hablar tu medio. En qué tono lo va a hacer. A quién te quieres dirigir. Estas cuatro cosas están relacionadas entre ellas.

¿Un medio generalista, para informar de todo y comentar la actualidad, o especializado, dedicado a uno o a unos pocos temas, probablemente vinculados entre sí? Si se trata de esto último, ¿qué tema o temas?

¿Con el acento en la información o en la opinión? ¿Con abundancia de vídeos y fotos o preponderancia del texto? Si ha de llevar muchos vídeos, deberás producirlos tú: ¿estás dispuesto a emplear el tiempo y el esfuerzo de grabar y editar, y hacerlo bien?

Todas estas preguntas y algunas más deben tener respuesta si deseas avanzar por este camino. Te ayudo a reflexionar sobre ellas:

Escoge un tema que te guste. Un tema que conozcas y sobre el que puedas aportar algo.

Y si lo conoces poco, escribir sobre él hará que aprendas.

Acota el alcance del blog. Si estás muy interesado por la actualidad y te sientes periodista, haz un blog generalista, de tipo informativo. Si, desde el periodismo, estás motivado por hacer aportaciones a un tema, escoge esa especialización (actualidad deportiva, información y crítica de televisión o de música).

Busca en el entorno de tu vida cotidiana. Nadie hará mejor que tú aquello que tú vives de cerca, donde eres el protagonista. Si eres estudiante universitario, haz un blog sobre la universidad o tu carrera; si haces gimnasia rítmica, abre un espacio que divulgue este arte; si te encanta la ciencia ficción, ilústranos sobre este género en la literatura, el cine y la televisión. Si vives en un entorno metropolitano, informa sobre problemas de la vida urbana; si habitas cerca de un parque natural, haz un blog independiente sobre él, sobre ecología y periodismo científico y medioambiental.

Encuentra tu propia voz. Es la cuestión decisiva a que se enfrenta cualquier escritor. También el periodista, aunque se deba a la estructura que impone la escritura informativa. Pero no solamente escribirás noticias en pirámide invertida, sino comentarios, piezas breves de opinión, incluso crónicas y reportajes. Se trata de lo que cuentas pero también de cómo lo cuentas. La propia voz solo se halla escribiendo y practicando. En un blog y website, la propia voz no está solamente en los textos, sino en la plantilla, su diseño, la utilización de widgets y dispositivos auxiliares, fotos, ilustraciones y vídeos. Sobre todo, en la titulación.

Escribe para los demás y sirve a tu público. Un blog es un espacio personal pero al mismo tiempo es un medio de comunicación público. Hay que cuidar pues lo que se dice, las formas con que se dice, la educación y el respeto. Y sobre todo hay que asumir ciertas responsabilidades respecto a la veracidad de lo que se publica y el respeto a las leyes. El blog lo publicas para tu satisfacción, para aprender y para incidir en la red. Por este último motivo, el blog está, en última instancia, al servicio del público que lo lee. Ello te compromete a publicar material de calidad, interesante y fiable.

TIENES QUE VER ESTO

Modelos de blogs periodísticos

Para inspirarte y tomar ideas da un vistazo a los blogs periodísticos que te propongo a continuación. Son de calidad y gozan de prestigio y difusión en la red.

233 GRADOS
http://233grados.lainformacion.com
Blog profesional sobre la actualidad del periodismo y los

medios de comunicación. Presenta cada día noticias originales que explican la evolución y problemática del sector de la información.

ENTRE MEDIOS
http://www.josesanclemente.com/
Blog de José Sanclemente, editor de eldiario.es, ex consejero delegado de Antena 3 y El Periódico. Sobre el actual momento de cambio e incertidumbre en los medios de comunicación convencionales.

ESTE FUERTE NO SE RINDE
http://estefuertenoserinde.com
Blog de Ramón Lobo, hasta hace poco corresponsal de guerra de El País, sobre actualidad internacional y periodismo.

LA MALETA DE CARLA
http://www.lamaletadecarla.com/
Blog sobre periodismo de viajes de Carla Llamas. Un ejemplo de blog periodístico que no va de política o periodismo, y el modo como la red y la comunicación permiten convertir tu afición en profesión.

TU AVENTURA
http://www.tuaventura.org/
Blog de ciberperiodismo de viajes dirigido por Santiago Tejedor. El periodismo de viajes es una especialidad en alza que cada vez tiene más demanda. Comprueba si los viajes que has hecho te proporcionan buen material para tu cibermedio.

KARMA PEIRÓ. HISTORIAS DE UNA PERIODISTA DIGITAL

http://karmapeiro.wordpress.com/

Karma Peiró fue una de las pioneras de la divugación de internet en España en los noventa y ahora enseña ciberperiodismo. Leyendo un solo post de su blog se aprende más que en un libro. Ejemplo de blog con contenido de calidad y formato sobrio.

1001 MEDIOS

http://1001medios.es/

El grupo 1001 medios es un colectivo de jóvenes periodistas dedicado a investigar, promover y remover el periodismo en la red. Mucho material e información de actividades. Website que escapa al formato blog pero que utiliza también la claridad en todos sus planteamientos.

GUERRA ETERNA

http://www.guerraeterna.com/

Blog de Íñigo Sáenz de Ugarte, uno de los más veteranos de la blogosfera española, dedicado a política internacional. Ejemplo de solidez en el tratamiento de la actualidad y la gran política.

LA LAMENTABLE

http://lamentable.org/

Blog colectivo a cargo de un grupo de periodistas veteranos, muy crítico e incluso ácido. Un ejemplo de cómo se escribe opinión de manera solvente.

SILVIA COBO
http://silviacobo.com/
Periodista y analista de medios, Silvia Cobo tiene un website con un blog integrado que demuestra como lo complejo puede ser ordenado y claro. Revisa con calma esta web porque aprenderás un montón.

Lo que todos estos blogs periodísticos tienen de bueno

Si has visto con cierto detenimiento los blogs que acabo de recomendar habrás comprobado que todos ellos tienen en común ciertos aspectos, que constituyen precisamente el cuerpo central de sus valores y el motivo de su interés. Fijarte en estos aspectos puede serte útil para afinar el tiro en el momento de ir desarrollando el tuyo.

Claridad y continuidad en la orientación temática. Están dedicados a un tema claro y persisten en tratarlo. Al primer golpe de vista sabes de qué va ese blog.

Preponderancia del contenido original. Aportan cosas nuevas, elaboradas por ellos mismos, correspondientes a sus saberes respectivos. Hablan de lo que saben e introducen contenido de calidad en la red.

Bien escritos y bien titulados. La redacción es impecable. Los titulares están bien redactados e informan inmediatamente del contenido de los artículos.

Plantilla y diseño sobrios y utilitarios. Todo al servicio de la legibilidad y la claridad. Colores bien dosificados y bien situados. El blanco como fondo de los textos, salvo excepciones en caso de tener que destacar algo.

En los blogs personales, preponderancia de la actividad del autor. Hablar de lo que uno hace y sabe no es malo si no se es narcisista y presuntuoso. Lo que tú sabes o haces puede interesar a otros si sabes contarlo bien.

Enlaces coherentes con la temática del blog, seleccionados y de calidad. Una de las mayores riquezas que aportan los blogs son sus enlaces, a condición de que sean interesantes. En la columna o columnas laterales se coloca uno o varios blogrolls, relaciones de enlaces a otros blogs o sitios web, que se cree que pueden interesar al lector del tuyo. Es bueno hacer de discjockey: repartir juego y hacer que tu lector visite otros sitios que valgan la pena. Si le gustan volverá al tuyo, porque apreciará que sabes de lo que hablas y tienes buen criterio.

Lenguaje correcto y trato respetuoso al lector. Sin familiaridades ni falsas complicidades. El lector de un website es como el cliente que entra en una tienda, debe ser tratado como un rey. Por supuesto, se puede debatir con él porque eso forma parte del juego de la conversación comunicativa. Pero hay que dominar la expresión escrita para no quedar patoso. Ausencia de bromas (a menos que tengan un valor informativo añadido) y de extravagancias.

Enlace y acreditación de las fuentes. Como se dice que uno no nace enseñado, conocemos lo que aprendemos de otros. De modo que es necesario decir quiénes son los otros que están en el origen de lo que publicamos. Hay que enlazar las fuentes de las informaciones, la documentación y la contextualización, si es necesario. Decir de quién son las fotos, vídeos o gráficos que publiquemos. Esto último es una obligación legal pero también una forma de cortesía. Y una señal de que tu website es un sitio serio.

Estos son los valores que, como mínimo, debería ostentar tu cibermedio. Empieza por descubrirlos, comprenderlos e imitarlos. Copiar lo bueno no es malo si se hace bien y a partir de lo que uno hace por sí mismo. Todos los que escribimos blogs comenzamos a hacerlo viendo lo que hacían los demás y tratando de hacer a nuestra manera lo que más nos gustaba de lo que hacían ellos.

Elementos de la portada de un blog periodístico

En el capítulo 3 te he mostrado un gran número de herramientas aplicables al periodismo en internet. Algunas de ellas se usan independientemente de cualquier otro elemento, y otras pueden ser integradas insertándolas en tu blog o website. Hacerlo o no depende de:

  ▶ Optar por un formato muy sencillo y elemental o por otro más enriquecido.
  ▶ Tu disponibilidad de tiempo para dedicarles esfuerzo.
  ▶ El tipo de contenidos y misiones informativas que realices.

Como en todas las cosas, la virtud está en un justo medio. Si llenas tu blog de gadgets dará una impresión caótica y el lector se perderá o se cansará; los complementos no deben esconder el contenido central. Pero hay que saber escoger y usar herramientas que pueden (y a veces deben) potenciar la tarea informativa que hayas acometido (y esa tarea es lo principal y fundamental en este asunto).

Sea cual sea tu decisión, lo que sigue es una sugerencia de cómo administrar esos elementos (y es una mera sugerencia porque la orientación final y el estilo que le quieras dar serán lo que decidirá).

Portada limpia, clara y ordenada, con la información jerarquizada. En los blogs, la ordenación de las entradas por cronología inversa con la más reciente arriba es suficiente para establecer una cierta jerarquización de la información.

Identificación del autor, visible pero discreta. Es conveniente que te identifiques como autor (editor) del blog, a no ser que sea un website grupal, hecho en equipo. En este caso también sería interesante que la pestaña «Acerca de» o «Quiénes somos» conduzca a una página donde se explica quiénes lo hacéis y qué pretendéis con ello. Si lo haces tú solo, decide si deseas poner en la portada: a) una foto pequeña con tu nombre y un par de líneas, con un enlace a la página «Acerca de»; b) lo mismo, con una caricatura tuya dibujada por un amigo; c) un Voki animado con voz en el que des la bienvenida a tus lectores; d) un breve texto identificativo sin ilustración y sin que lleve a una bio más amplia. Pero siempre con un correo electrónico de contacto.

Enlaces a las redes sociales en las que estás. Por supuesto que al mismo tiempo que publicas tu blog o web estás en Twitter y Facebook (y a lo mejor en otras más; hablaremos de ello en el próximo capítulo). En la portada debe haber una llamada a tus cuentas en las redes, quizá un enlace. Pero mucho mejor alguno de los módulos que existen en los que se ve tu identidad en las redes y las últimas entradas que has publicado en ellas.

RSS de las entradas de tu blog y de otros sitios de interés. Un widget que permite suscribirse a la recepción de tus novedades tal como se van publicando. Quizás otro en el que tú hayas seleccionado tres o cuatro fuentes interesantes, coherentes con tu website, como elemento de valor añadido.

Suscripción por email. De manera complementaria a lo anterior, widget donde clicar y con ello suscribirse automáticamente a tus novedades al introducir el lector su correo electrónico.

Blogrolls. Selección de enlaces a otros blogs y websites, clasificados temáticamente. Los que lees frecuentemente y/o que sean coherentes con tu blog. El blogroll es también una señal de identidad tuya en el blog: al conocer lo que te interesa tu lector se hace una idea más precisa de quién eres.

Badges. Los widgets que permiten insertar imágenes con enlaces incorporados pueden ser útiles para poner logotipos de actividades en las que participas, que ayudan a visualizar tus intereses. No más de tres o cuatro.

Lo central son los contenidos

En un blog o website informativo, lo central son los contenidos. Lo que va a marcar la diferencia entre el tuyo y el de otros va a ser la calidad e interés de lo que en él publiques. Y lo central en los contenidos son los textos. Por más que lo audiovisual se haya extendido por todo el espacio comunicacional, son las palabras las que vehiculan significados, explican sentidos y relatan realidades o ficciones. Para que una serie de televisión o una película de éxito puedan existir, antes ha tenido que llevarse a cabo el trabajo de escritura: del argumento, del desarrollo de la trama y la coherencia de los personajes, de los guiones, de la capitulación y de los diálogos. Todas esas imágenes que nos gusta ver en la pantalla han tenido que ser escritas antes, para poder ser filmadas después.

En un blog periodístico es el texto el eje central que soporta el resto de elementos de la narrativa multimedia. Hay que elegir qué vamos a contar, y ello quiere decir sobre qué vamos a escribir. También, si es el caso, grabar en vídeo y en audio, fotografiar y llevar al gráfico de datos, la infografía o el mapa enriquecido. Por eso me he centrado en la explicación de la pirámide informativa como estructura articuladora de un texto informativo. Pero no todos los textos que publicarás en tu blog serán informaciones estrictas, sino que corresponderán a otros géneros (reportaje, crónica, opinión, entrevista) que se rigen por criterios diferentes. La pirámide, sin embargo, y su asimilación, es lo que permite transformar la mentalidad de escritor aficionado en la de escritor periodístico: te hará cambiar el chip.

Mientras aprendes a utilizar la pirámide invertida, no te detengas y empieza a experimentar, publicando todo tipo de contenidos en tu blog:

▶ Crónicas de acontecimientos celebrados en tu entorno (un partido deportivo, un concierto, una celebración popular, un acto político o cívico).

▶ Entrevistas con personajes interesantes. No hace falta que sean famosos; un chaval de 15 años que sea un estupendo estudiante de matemáticas puede decir cosas que valen la pena sobre la vocación de estudiar y la manera como se las apaña para hacerlo mejor que otros.

▶ Una entrevista en audio y, junto al archivo de audio insertado, un título informativo que la presente y un texto breve introduciendo al personaje. Y tres o cuatro frases destacadas de lo que ha respondido. Lo mismo en el caso de hacerlo en vídeo.

▶ Críticas de discos, libros, cómics.

▶ Reportajes breves sobre cosas interesantes de tu entorno: cómo funciona un banco de tiempo en que los vecinos intercambian habilidades y favores, qué hacen los jubilados del barrio para emplear el tiempo de manera activa, quiénes son los raperos que ensayan en un local y cómo son las letras que cantan.

▶ Cualquier cosa que tenga que ver con tu afición, con lo que te interesa o te apasiona y tienes ganas de compartir: ciencia ficción, juegos de rol, series de televisión, habilidades, deportes, etc.

▶ Comentarios de la actualidad, pero eso sí, bien documentados, fundamentados y contextualizados.

▶ Comentarios de cosas publicadas en otros blogs. En ese caso debes citarlos poniendo al final del texto: Vía: nombre del blog, enlazando a ese blog.

▶ Comentarios críticos sobre productos o servicios que hayas utilizado. Describiendo con precisión la situación y el hecho, argumentando las quejas y proponiendo soluciones a los problemas.

▶ Efemérides: reseñas biográficas o rememoración de hechos del pasado cuando es el día en que se cumple su aniversario. También obituarios o reseñas biográficas de un personaje cuando fallece, que sirven para conocer mejor a una figura interesante en el momento de su desaparición.

▶ Resúmenes divulgativos sobre hechos históricos, culturales, geográficos, tecnológicos, etc. Piezas breves resumidas de otros textos, libros, enciclopedias, en las que se cuenta algo interesante y curioso. El truco está en presentarlas de manera original, jugando con el contraste entre presente y pasado, lejano y cercano, tecnológico y rústico, o bien buscando antecedentes históricos relacionados con algo que sucede ahora: con la inauguración de una línea del AVE, contar la polémica que existía en el siglo xix sobre los peligros que el tren de vapor corriendo a 20 por hora tendría para la salud de los viajeros.

Todo esto son simples ejemplos que no tienen más utilidad que darte un punto de apoyo para que comiences a pensar tus propios temas. Seguro que se te ocurrirán muchos más.

Empieza a practicar

Experimenta con todo sin temor a equivocarte

Comienza a trastear con las plantillas de Blogger y Wordpress mientras al mismo tiempo vas profundizando en sus tutoriales. Experimenta con los diseños disponibles y mira qué tal se ajustan a ellos los widgets que hayas escogido.

Paralelamente, ve escribiendo listas de temas posibles sobre los que escribir.

Escribe entradas y artículos de prueba, por mal que te queden. Los borras y pruebas con otros nuevos.

Cuando hayas escrito un artículo que te guste y te quede bien, aplícale las recomendaciones referentes a los textos y su edición.

Comprueba si está en condiciones de ser publicado. Publícalo. Con él y dos o tres más tendrás ya un inicio emergente de tu nueva publicación.

6

COMUNICAR EN RED: LA INFORMACIÓN COMO CONVERSACIÓN

Las redes sociales son espacios donde lo que comunicamos se extiende y promueve el intercambio de ideas, y además atrae la atención sobre lo que hacemos y quiénes somos.

La gran revolución de la web 2.0 ha sido convertir la comunicación en una conversación. Como decía al inicio del libro, ha devuelto la comunicación a sus verdaderos protagonistas, la gente, desposeyendo de su exclusiva a las corporaciones, las instituciones y los medios. Ahora la información va de ida y vuelta, y la red hace que los mensajes no vayan de uno a muchos sino de muchos a muchos entre muchos.

Cuando hacemos periodismo en internet hemos de ser conscientes de que no comunicamos un mensaje de solo ida sino que lo que difundimos por la red desde nuestro medio tiene repercusión social. Internet y sus medios sociales son espacios públicos de comunicación, de modo que hemos de contar —y esperar que tengamos esa suerte— con que nuestras publicaciones van a generar conversaciones.

Veremos ahora cómo orientarnos ante esa dimensión conversacional de la red, comenzando por nuestro propio blog, pues este incorpora la posibilidad de escribir comentarios a los posts que publicamos en él.

Gestión de los comentarios en el blog

En los últimos tiempos los comentarios en los medios sociales de la red se han desplazado de los blogs a las redes, especialmente Facebook. Lo más corriente es que publiquemos una entrada en el blog y hagamos una entrada en Facebook que contenga un enlace al blog, y los comentarios vayan a parar a aquel y no a este. Eso no es malo, pues de este modo obtenemos una visibilidad para nuestro medio que de otro modo difícilmente tendríamos. Y un incremento regular de comentarios en nuestro espacio de Facebook suele conllevar la incorporación de nuevos comentaristas a nuestro blog. Así pues lo primero que hemos de hacer es cuidar los comentarios tanto en un lugar como en otro.

Cada comentario en nuestro blog es como si recibiéramos la visita de un cliente en nuestra tienda, alguien que ve nuestro producto, lo examina y se interesa por él. A ese «cliente» hay que tratarlo como merece: con educación y simpatía.

Responde y agradece todos los comentarios. No dejes ningún comentario sin responder. Agradece a su autor que haya visitado tu blog y agradécele que haya escrito un comentario. Responde si pregunta algo, si pide una aclaración o manifiesta dudas.

Trata de iniciar una conversación. Al responder el comentario trata de convertirlo en un hilo de conversación. Puedes continuar la argumentación del artículo, añadir otros comentarios por tu parte, comentar el comentario de tu interlocutor, proporcionar más información u otros datos que puedan serle útiles. Aportar documentación, contexto, datos, etc., es un detalle que se agradece mucho. Y de este modo estableces un vínculo con esa persona y abres una conversación a la que pueden añadirse otros.

Discute con elegancia. Si te contradicen, acéptalo. Explica tus argumentos, aduciendo que es posible que no te hayas explicado bien (es más elegante que decir que no te han entendido, con lo que tratas de tonto al otro). Si se establece un diálogo argumentativo, en el que se contrastan opiniones no coincidentes, desarrollar tranquilamente el desacuerdo añadiendo argumentos, datos, elementos que si bien es posible que no convenzan a quien ha puesto el comentario sí pueden ilustrar a una tercera persona que siga el hilo o se incorpore a él.

No alimentes a los trolls. No entres en polémicas desagradables o intercambios de desplantes o insultos. Ignora a los bronquistas. Si un comentario incluye insultos, elimínalo. Nunca discutas con un troll, se crece con ello.

Aprovecha la colaboración recibida. Revisa los comentarios que te hayan hecho, mira si contienen alguna reflexión, información o elemento a partir del cual te dé pie a escribir un nuevo artículo, identificar una fuente de información, darte cuenta de algo que sucede y puede ser noticiable. Convierte los comentarios en alimento para los contenidos de tu blog, y para ello, considéralos con mirada periodística: somételos a la interrogación de las 6 W.

Intervención en los comentarios de otros blogs

Para un periodista, hasta una piedra encontrada en el camino puede contener una fuente de información. Su curiosidad es inagotable y su manera particular de mirar el mundo es la de alguien apasionado por conocer, comprender y contar. Para un periodista en internet, todos los demás sitios periodísticos en la red, los blogs incluidos, son objeto de curiosidad y exploración. Del mismo modo que los comentarios recibidos en nuestro blog pueden darnos la oportunidad de hallar nuevas fuentes y motivos de información, también pueden hacerlo los comentarios de los blogs de otras personas.

Si la rutina cotidiana de un periodista en internet comienza por revisar las fuentes RSS para ver las novedades que transmiten, también incluye una lectura, por somera que sea, de los comentarios que haya en los blogs más relevantes de entre los que sigue habitualmente. Estar al corriente de los hilos conversacionales en otros blogs es muy valioso: te das cuenta de lo que le interesa a mucha gente, del modo como reciben lo que otros comunican, de su manera de pensar y reaccionar. Todo esto te mantiene conectado a la realidad y no aislado en tu mundo mental particular.

En los comentarios de los demás blogs identificarás con toda seguridad nuevos temas posibles para tu blog, nuevas fuentes de información y nuevas maneras de enfocar las cosas. Son un medio excelente para renovarse cada día, pero el problema es que consume tiempo atenderlo.

Forma parte de esa atención el hecho de que puedes introducir tú también comentarios en los blogs de los demás. Y seguro que serán tan bien recibidos como tú recibes los suyos. Comentando en blogs de otros contribuyes a hacer red y a extender la gran conversación de la web 2.0. Sobre todo, te harás visible en diversos lugares y atraerás la atención hacia el tuyo.

Algunas recomendaciones:

▶ Comenta un artículo solamente si te interesa de verdad. No pongas un comentario simplemente para dejar la url de tu sitio web; es propaganda barata y causa mala impresión.

▶ Sigue los hilos con sentido. Intervén en un hilo conversacional si puedes aportar algo valioso. No hables por hablar.

▶ Incrementa el conocimiento colectivo. Si eres experto en el tema del que se habla o tienes algún conocimiento, incorpóralo. Pero no te hagas el sabio ni lo expongas con suficiencia.

▶ Hazte ver con elegancia. Si el tema del que se habla ha sido tratado en tu blog, pon un enlace. Así queda justificado que te hagas visible.

Los enlaces construyen las redes

Toda la estructura reticular de internet se basa en los enlaces, que el hipertexto hace posibles. Aun sin intercambiar comentarios ni interactuar en las redes sociales, los enlaces que hay en las entradas de tu blog son un medio fundamental de construcción de redes. Citando y siendo citado va creciendo la red. Los enlaces son el medio por el cual el inicio de la construcción de conocimiento colectivo se hace posible. Por eso es necesario cuidarlos muchísimo.

Algunas recomendaciones:

▶ Que los enlaces que contengan tus artículos sean de calidad. Deben conducir a lugares donde haya información exacta, contextualización pertinente, documentación imprescindible. Hay que comprobar que cuando pongas un enlace a algún website, y con ello envíes a alguien a él, lo mandes a un lugar que valga la pena y no le induzcas a errar.

▶ Que los enlaces aporten información coherente con el texto en el que figuran. No disperses la concentración de tu lector en el tema que está siguiendo.

▶ No temas que tu lector salga a pasear. Pero facilita que vuelva: haz que los enlaces se abran en una pestaña nueva del navegador. Los medios sociales de la web 2.0 construyen comunidad hacia afuera, no se preocupan de crear audiencias cautivas, cosa propia de los medios convencionales.

▶ Enlaza y te enlazarán. Sé generoso enlazando, pero no atiborres los textos de enlaces, pon solamente los precisos. Los medios enlazados, gracias a los *pingbacks*, verán que te ocupas de ellos y en algún momento te corresponderán. Aunque no lo hagan no importa; enriquecer la red es valioso de por sí.

▶ Deja claro adónde apuntan tus enlaces. A veces no basta con enlazar seleccionando una palabra o frase corta del artículo; es necesario poner los enlaces aparte (al final del texto, con breves frases independientes, descriptivas) para que no embarullen el artículo y sobre todo para destacar el tipo de aportaciones de que se trata. Hacer esto especialmente con: documentación, materiales complementarios, para saber más, etc.

▶ Evitar la confusión o la precariedad de la descripción de los enlaces. No poner «clica aquí» o «más información en este lugar».

Enredando con las redes

El gran éxito de las redes sociales en internet ha puesto a disposición de la actividad periodística un nuevo ámbito de intervención. Incluso hoy día, para muchas personas que se inician en la comunicación vía internet, la red es para ellos Facebook, Youtube, Google y el correo electrónico. Para el periodista, las redes son mucho más: un verdadero espacio público de comunicación e información.

Y como son un espacio público, el periodista se comporta en ellas con criterios profesionales. Aprovecha su efecto de caja de resonancia para dar a conocer lo que publica en su website, pero las emplea como plataforma informativa en sí mismas; las usa para aproximarse a su público pero también para localizar fuentes de información y obtener ideas para artículos; mantiene una actividad social vinculándose con ellas a sus amigos pero cuida un público lector que amplía considerablemente su círculo de influencia.

Conviene, pues, saber como utilizar adecuadamente estas redes con fines periodísticos, y no solamente a efectos técnicos o estratégicos sino porque se trata de verdaderos medios de comunicación que por tanto exigen de nosotros un posicionamiento profesional periodístico.

Las redes que más nos interesan para la intervención periodística son Twitter, Facebook y Youtube. Y conviene estar atentos a la evolución de Google Plus.

Twitter es un verdadero medio de comunicación. A diferencia de Facebook, todo su contenido es público y además, es una red asimétrica: no hace falta aceptar a alguien que te pide ser «amigo» sino que se puede seguir a quien se desee sin que ello implique una reciprocidad obligada. La red del pajarillo ha demostrado su capacidad de impacto informativo —la noticia de la muerte de Osama Bin Laden en un ataque militar fue emitida por primera vez por Twitter— y los investigadores en comunicación de todo el mundo se dedican a estudiar el alcance real de sus posibilidades potenciales.

Facebook es una tertulia monumental en la que recuperamos a viejos conocidos y hacemos nuevas amistades. Allí se habla de todo, de manera un poco caótica a veces, pero en ese lugar se encuentra gente dispuesta a escucharnos, a causa de la estructura de seguimiento mutuo de los «muros» respectivos. Hay lugar, pues, para que desarrollemos en Facebook una tarea periodística, al mismo tiempo que cultivamos nuestras relaciones con amigos, conocidos y saludados.

Youtube es la macroplataforma videográfica de la red y probablemente el germen del nuevo modelo de televisión que deberá suceder a la actual tele difundida por ondas hertzianas, con programaciones estándar y que busca públicos masivos. Hemos de tener nuestro propio canal en Youtube para mantener en él los vídeos informativos que publiquemos en nuestro blog o website pero también —sobre todo— para crear un flujo de producciones que responda a nuestra línea informativa y contribuya a dotarnos de personalidad profesional.

Google Plus es el último episodio del intento permanente de Google para intervenir en las redes sociales. A Google Plus le cuesta despegar en cuanto a difusión pero su mérito es que en ella están muchísimos expertos, especialmente en comunicación, a los que conviene seguir. El valor principal de esta red es la difusión e intercambio de información, y la posibilidad de agrupar en «círculos» a las personas que seguimos, creando de este modo grupos temáticos o de afinidad.

Así, llegamos a comprender las cualidades que aportan a nuestra actividad periodística las redes sociales:

Difusión: publicando en ellas materiales originales o enlaces a nuestras publicaciones ampliamos el ámbito a donde llega nuestra voz y obtenemos nuevos lectores para nuestro website. Es una ventaja pero también una responsabilidad.

Proximidad y conversación: las redes nos conducen a un contacto directo con las personas que forman parte de nuestro público. Aquí el concepto de conversación bajo el que se contempla la comunicación en internet cobra su verdadero significado. Es necesario pues saber administrar ese intercambio relacional.

Marca personal: en las redes, junto con tu weblog o website, se juega la partida de lo que se ha dado en llamar marca personal. Cuando uno está presente en la red interviniendo en ella con informaciones, opiniones y noticia de sus actividades, está operando sobre su propia marca personal. Esta es la propia imagen definida por lo que uno hace y por lo que significa lo que uno hace. La marca personal no solo es ser conocido sino reconocido: que se asocie tu nombre a un valor añadido.

Intervención: el flujo constante de información en las redes, la visibilidad de lo publicado en ellas y la extraordinaria amplitud de su cobertura hace de estos medios sociales una verdadera macroagencia de noticias. Lanzar una información, una noticia acabada de suceder, una información relevante supone operar con una enorme máquina de producción de información.

Exploración: miles y miles de personas aportan momento a momento a las redes sociales su experiencia y su conocimiento. Esa actividad humana debe ser objeto de curiosidad por parte del periodista, que hallará en ella fuentes informativas, expertos en diversos temas e ideas para escribir y publicar.

Tareas periodísticas en las redes sociales de internet

Una vez nos hemos situado en el marco de las redes sociales como espacio público de información, hemos de descubrir y explorar las posibilidades que ofrecen para la actividad periodística.

La intervención en las redes debe ser considerada en cuatro dimensiones:

- Operar en ellas de manera aislada e independiente. Llevar una línea de publicación específica para cada red en la que participes.
- Hacerlo de manera articulada: publicando a la vez en el blog y las redes en las que participas, poniendo en estas enlaces a lo que publicas en aquel.
- Combinar las dos actitudes anteriores, ajustándote a las características de uno y otro público.
- Utilizarlas como campo de observación.

Facebook puede ser útil para que nuestros amigos vean lo que hacemos, para popularizar nuestras publicaciones entre ellos y para que sus amigos, con los que no tenemos relación, nos conozcan a su vez y se incorporen a nuestra lectura.

Twitter es un gran campo abierto, al cual salimos a la vista de todos, seguramente pasaremos muy inadvertidos pero es donde se nos apreciará por el estricto interés de nuestras intervenciones, ganando seguidores y público poco a poco.

En Google Plus comprobaremos si lo que decimos y publicamos merece la atención del vecindario.

Para llevar esto a la práctica, existen las siguientes líneas de trabajo.

Difusión de nuestros materiales: escribimos una breve entrada en Facebook o Google + y un tuit en Twitter, con enlace al post concreto que queremos difundir. Hay que ser claros y breves, informar de qué se trata y qué van a encontrar: es importante dar confianza a los habitantes de las redes respecto a los enlaces que propones. Evitar el autobombo y hacerse el chulo: tu artículo hablará por ti.

Seguimiento de la última hora: esa enorme agencia de noticias que es Twitter es utilísima para estar informado a la última. Cuando hay un tema que quieres seguir, algo que está sucediendo y desarrollándose en este momento, nada mejor que acudir a tu lista de los tuiteros a quienes sigues para estar al corriente. A condición de que hayas hecho una selección de cuentas de calidad. El seguimiento de la actualidad en Twitter debería llegar a ser una de tus rutinas periodísticas habituales, porque ello contribuirá a que se te forme la mentalidad de periodista y te bregues en la identificación de lo que es más interesante a cada momento.

Difundir últimas noticias: hay vida en las redes más allá de usarlas como medio de difusión de tus materiales. Te harás un prestigio como informador si tus seguidores ven que les suministras de manera regular información relevante, cosas interesantes y nuevas y centros de interés destacados. Compartir información sigue siendo la tarea principal en el marco de cualquier actividad de la red. Una labor continuada y minuciosa en ese campo es lo que se llama curación de contenidos, materiales de terceras personas que, al ser seguidos, examinados, seleccionados y propuestos por ti de manera ordenada aportan valor añadido a quienes te siguen.

Una red muy útil para hacer esta tarea es Scoopit (www.scoopit.com), que va muy bien también para tomar nuevas ideas y posibilidades para escribir sobre temas muy diversos.

Retransmitir eventos. Con su publicación en cronología inversa, la brevedad de los tuits y su flujo constante de actualización, Twitter es el medio ideal para hacer coberturas y retransmisiones de acontecimientos. Cuando asistes a una conferencia, a un curso, un acontecimiento social o deportivo; cuando estás en un lugar en el que ocupas una posición de observador privilegiado, nada mejor que tuitearlo en forma de retransmisión. Para ello vas publicando tuits que resumen lo más relevante que sucede a cada momento, con enlaces a materiales si es posible, o a las fotos y vídeos que tomes. Esta es una de las formas más puramente periodísticas de usar Twitter que existen, y si la empleas te distinguirás como periodista ágil sobre el terreno y persona que comunica cosas de calidad.

Si tienes previsto retransmitir algo vale la pena que lo anuncies antes, en uno o varios tuits, y en tu blog, en un breve post o en el marco de uno más amplio, probablemente dedicado al asunto que vas a cubrir.

Contactar con fuentes, testigos y expertos: las redes son un lugar donde hay mucha gente y por tanto personas de todo tipo. También individuos que están relacionados con las temáticas que te interesan o con las informaciones en desarrollo. Una exploración minuciosa de los flujos de las distintas redes, sobre todo Twitter, te puede proporcionar una visión más profunda sobre la cuestión que sigues. Cuando halles a alguien que pueda decirte más sobre el asunto, envíale un mensaje privado pidiéndole que te informe.

Monitorizar tendencias: entre las tareas del periodista se encuentra no solamente estar al día sino tratar de anticiparse a él. Las redes te indicarán de qué habla la gente, qué le interesa, qué centros de interés están desarrollándose y pueden ir en aumento. La detección de las tendencias y su evolución te garantiza marchar en vanguardia en la información.

Corresponsal en Twitter: ser corresponsal en el planeta Twitter puede dar mucho de si y es en sí misma una tarea periodística relevante. Los medios tienen corresponsales en ciudades y países donde suceden cosas; pues en Twitter pasan cosas continuamente, y puede ser muy gratificante para ti y para tu público que te dediques sistemáticamente a contarlo. Se puede incluso abrir una sección especializada en Twitter que, además de contenidos seleccionados y articulados, incluya recursos y consejos sobre el mejor aprovechamiento de esta red.

Solicitación de opinión: la dimensión conversacional de la web 2.0 nos obliga a actuar siempre en beneficio del público y de cara a nuestros lectores. Mediante las redes se les puede solicitar opinión o informaciones sobre un tema que estemos preparando, bien para orientarnos mejor o para obtener aportaciones. Es muy conveniente, independientemente de estas situaciones, dialogar constantemente con nuestros lectores y pedirles explícitamente su opinión, de modo que sea bien visible que contamos con su criterio.

Construir y reforzar una red de contactos profesionales. Un periodista vale lo que valen dos cosas: su firma y su agenda de contactos. La primera da fe de su calidad como profesional fiable y la segunda, de la calidad de sus fuentes de información. Seas o no —o quieras ser— periodista es imprescindible que construyas tu propia agenda de contactos y relaciones: personas expertas o conocedoras de uno u otro tema; gente que se mueve en determinados ambientes; personas que tienen facilidad para enterarse de cosas. Conviene llevar un fichero con el nombre, descripción y contacto de cada uno de ellos, y una breve descripción-relación de su alcance informativo y la cualidad de sus conocimientos. Las redes son un medio fabuloso para crear y ampliar esa red, al identificar gente que puede serte útil y crear relaciones de creciente confianza con ellos, mediante el diálogo en las redes y si cabe, el intercambio de mensajes privados. Observa pues con esa mirada a quienes sigues y a los que sigues y ve abriendo fichas de los más relevantes.

Es imprescindible que sepas

Periodistas interesantes en Twitter

Para aprender algo no hay nada mejor que ver como lo hacen los que lo hacen bien. Explora las cuentas de algunos periodistas que tienen una intensa actividad en Twitter:

Ignacio Escolar	@iescolar
Julia Otero	@julia_otero
Alfonso Armada	@alfarmada
Rosa Jiménez Cano	@petezin
Ramón Salaverria	@rsalaverria
Pedro J. Ramírez	@pedroj_ramirez
Juan Pedro Quiñonero	@jpquinonero
Rosa María Artal	@rosamariaartal
José Oneto	@oneto_p
Javier Ares	@javierares
Antonio Fraguas	@antoniofraguas
Gumersindo Lafuente	@sindolafuente
Lluís Bassets	@lbassets
Joan Manuel Perdigó	@jmperdigo
Jesús G. Albalat	@jgalbalat

La clave de la excelencia en las redes sociales: regularidad, claridad, interactividad

Para obtener una presencia relevante en las redes y aprovecharlas bien como el espacio privilegiado de comunicación que son es necesario dedicarles atención y tiempo y actuar de manera metódica. Escribir un tuit un día y otro tres días después no lleva a ninguna parte, igual que desgranar cuatro ideas deslavazadas o un par de comentarios sueltos en Facebook. El periodista en internet debe plantearse una línea de trabajo regular y adecuadamente orientada respecto a las redes, y cumplirla. Solamente así ganará relevancia e influencia en ellas, quizá una de las mayores gratificaciones que se pueden obtener con estas tareas.

La primera medida a tomar es la regularidad. Regularidad no solo en la revisión de lo que hacen las personas a quien sigues sino sobre todo regularidad en la publicación. Hay que emitir cada día por las redes, y varias veces, cuatro o cinco por lo menos. Y sí, las redes ocupan tiempo: tú decides si usas una de ellas, o dos, o tres. Puedes usar una para publicar (Twitter) y otras para explorarlas únicamente. Pero si te metes, métete en serio. Solamente la regularidad en la emisión hará que el tiempo dedicado a las redes sea valioso.

Además de emitir regularmente por lo que respecta al día a día hay que hacerlo tratando de percibir cuáles son las franjas horarias en que te interesa hacerlo. Nadie ve todo lo que se publica en las redes, estas funcionan 24 horas y ello sería imposible. Por ese mismo motivo, el público que te interesa está presente en ellas en unos momentos determinados del día. Es interesante observar a qué horas está la gente a la que quieres llegar. Más adelante te daré alguna herramienta útil al respecto. Y como no puedes estar todo el día pendiente de las redes, deberás utilizar una herramienta que permite programar tus tuits para que aparezcan en horas determinadas en Twitter. Como es posible, además, usar la opción de que los tuits se publiquen al mismo tiempo en Facebook, la tarea no es tan ardua.

La claridad es otro valor primordial. Lo que se publica en las redes ha de ser claramente perceptible a primera vista. La habilidad de escribir titulares y *leads* permite ejercer aquí con tino. Pero además hay que ser claro al enlazar materiales, sobre todo fotos y vídeos: dar confianza al lector que piensa si debe abrirlos o no, y explicar qué utilidad tienen los materiales informativos que son complementos o que constituyen la razón de la publicación del tuit o del post.

Tu identidad en las redes también debe ser meridianamente clara. La información sobre ti en Facebook debe permitir identificar con claridad quién eres y qué haces. En Twitter, el brevísimo texto que puedes poner como descriptor en tu página de inicio, bajo tu nombre, debe ser administrado como oro puro para que explique sucintamente quién eres. Hay que dedicarle cierto tiempo a eso.

La interactividad con los demás usuarios es imprescindible. Las redes no son (únicamente) un lugar donde exhibirse (bueno, digamos que darse a conocer) sino un espacio social de intercambio de información. Hay que construir relaciones bidireccionales, comentando lo que otros dicen, responder a réplicas y comentarios de los posts o tuits y retuitear contenido útil e interesante. En Twitter es necesario etiquetar los temas a los que responden los tuits, así: #esteasunto o #estapersona; identificar a las personas a quienes mencionas o te diriges mediante su nombre de usuario y ponerlo exactamente en el tuit, así: @fulanitodetal; y más todavía al utilizar el retuit (RT). Si otro usuario retuitea un tuit tuyo no olvides agradecérselo emitiendo un tuit así: @fulanitodetal Gracias por el RT. En Facebook podrás aludir directamente a otros usuarios escribiendo textualmente el nombre con el que aparece en esta red, de modo que al escribirlo el sistema identifica el nombre exacto y lo reproduce incorporando el enlace a su cuenta y avisándole por correo electrónico.

Tanto en Twitter como en Facebook y Google Plus dispones de opciones de mensaje privado para dirigirte a un usuario concreto. En Twitter, la alusión al poner su nombre textual (@fulanitodetal) hace que él pueda ver que le has aludido en el lugar correspondiente de su cuenta, al igual que los retuits.

Una interactividad moderada, atenta y sensata conduce a establecer relaciones cordiales en las redes que no solo es gratificante sino que puede ser profesionalmente relevante.

Es importante, finalmente, no obsesionarse con obtener un gran número de seguidores en Twitter, amigos en Facebook, miembros en los círculos de Google Plus o seguidores fijos del blog. Los medios sociales no son medios de masas y por tanto no buscan audiencias. Las audiencias vienen solas a causa del interés y la calidad del trabajo del periodista en internet. Con los medios sociales no buscamos cantidad sino calidad. Aquella llegará de la mano de esta.

TIENES QUE VER ESTO

Recursos para usar mejor Twitter

Twitter es sencillo en apariencia pero su alcance es muy complejo porque su potencial es enorme. Conviene revisar algunas guías mientras se va practicando:

Twitter para periodistas. Consejos de tuiteros a los periodistas profesionales:
http://www.ecuaderno.com/2009/06/09/twitter-para-periodistas/

Las guías para periodistas en Twitter están en inglés:
Twitter for newsrooms:
https://dev.twitter.com/media/newsrooms

Twitter for journalists. The Knight Digital Media Center: http://multimedia.journalism.berkeley,edu/Tutorials/twitter

The Twitter handbook: tips and resources for mastering Twitter. Bighow:
http://bighow.com/twitter-handbook.php
Un buen manual impreso, muy claro y breve, es *Exprime Twitter*, por Tim O'Reilly y Sarah Milstein, Editorial Anaya. Tiene la gracia de que O'Reilly es el editor que acuñó el término web 2.0, y una figura destacadísima del panorama mundial de internet.

En todos esos lugares hallarás herramientas para expandir y gestionar tu actividad tuitera hasta puntos que nunca has imaginado.

Articular y poner en acción una plataforma propia

Cuando te halles en la situación de que estás publicando un blog o website informativo y emitiendo por Twitter, Facebook y quizás Google Plus, con un canal propio en Youtube, es el momento de articular todos estos medios en una plataforma. Esto quiere decir que es necesario que tu público te vea a ti como un centro emisor de información único que opera a través de diversos medios articulados con lógica.

El blog es el punto central de tu plataforma comunicativa. En él se publican tus escritos periodísticos, los materiales más valiosos para tu audiencia y se hace el seguimiento de la actualidad vista por ti. En su portada debe haber enlaces, muy visibles, a tus cuentas en Twitter, Facebook y otras redes sociales, si cabe. Tu canal en Youtube debe estar muy visible. Existen gadgets gráficos que sirven para crear enlaces destacados en este sentido.

El gadget que enlaza a Twitter debería mostrar las últimas entradas que hayas publicado en esa red. El que lo hace a Facebook suele mostrar el avatar de tu imagen y un botón para hacer «me gusta» en tu página. Hay que poner esos elementos en la parte superior de tu blog o website para que sean visibles a la primera, sin hacer *scroll*.

En la portada del blog o web también deben figurar enlaces a las webs de actividades en las que participes (clubs deportivos, universidades, colectivos solidarios) porque ello contribuye a definir tu identidad en red y a hacer visible que tu actividad se extiende en diversos campos del tejido social. Eso quiere decir que eres activo, que te interesan las cosas, que eres conocido e influyente en varios sectores.

Seguramente cuando vayas avanzando en tu actividad comunicativa en internet irás más allá de tu blog periodístico. Quizás quieras crear un portal, otro blog especializado o algún elemento complementario. Yo recomiendo crear un wiki, cosa que suele pasar inadvertida a la gente que empieza y también a otros más avanzados en esta actividad.

Todos conocemos lo que es un wiki gracias a la enorme popularidad de la Wikipedia. Los wikis no son tan vistosos como otros sitios web porque no se preocupan del diseño y toda su estructura es estrictamente utilitaria; la tecnología está en ellos dedicada a servir totalmente a la organización de la información.

Es posible crear un wiki gratuito alojado en el servidor de la plataforma que lo propone. Yo utilizo Wikispaces (www.wikispaces.com) una red de wikis dedicados a la educación. El wiki es muy enriquecedor y te permite mantener en un solo lugar y de manera muy ordenada gran cantidad de información.

Guía en español para la creación de un wiki en Wikispaces:

http://aulablog21.wikispaces.com/Tu+Wiki+en+Wikispaces.com

Ver y comparar los sistemas wiki más populares en Wikimatrix:
http://www.wikimatrix.org/

El papel de un wiki complementario para tu web es poner a disposición de tus lectores todo tu conocimiento experto. Se trata de que incluyas en un wiki lo que mejor conoces, lo que dominas, con todo tipo de información y recursos. Como he dicho, la aportación al conocimiento colectivo es una de las mejores cosas de internet, y cuando uno se distingue en esa acción se convierte en alguien influyente. Tener un wiki especializado te distingue como experto, te hace necesario para quienes desean saber de ello y añade un enorme valor añadido a tu actividad.

Una de las mayores ventajas de los wikis es que son, por naturaleza, sitios colaborativos; permiten ser editados por diversos usuarios a la vez, previa autorización del administrador (tú). Es posible pues que tu wiki incorpore las aportaciones de los amigos que te acompañan en una actividad grupal (montañismo, deporte, cine, música) o que esté abierto a la colaboración de tus lectores para que enriquezcan el tema que les propones.

Combinando blog o web, redes sociales, canales de vídeo y audio, y con la ayuda de las suscripciones a tu sitio vía RSS o email, te dotas, pues, de una plataforma de comunicación completa que te permite desarrollar una actividad periodística considerablemente extensa.

Con la práctica aprenderás a utilizarla estratégicamente, coordinadamente y convenientemente planificada. Los primeros puntos a tener en cuenta en este sentido:

El blog periodístico es el centro de la plataforma. Da cuenta de tu producción informativa, reseña tus actividades y sirve para compartir el conocimiento que generas.

Twitter es una herramienta de intervención inmediata, con la cual estás presente continuamente en la red, emitiendo todo tipo de informaciones que pasan por tus manos, haciendo que se te identifique como alguien que tiene algo que decir.

Facebook es un espacio muy amplio en el que intervienes en primera instancia ante tus amigos y conocidos, que saben de ti con mayor proximidad. Les puedes solicitar opinión y hacer saber cosas más personales.

Youtube, mediante tu canal personal, puede ser tu televisión si eres capaz de acometer la laboriosa tarea de producir y editar vídeos de calidad. Lo ideal sería que ese canal evolucionara de un repositorio de vídeos para poner en tu blog a un punto de emisión constante de material videográfico de actualidad.

Tu línea de podcasts, de manera semejante a You Tube, comenzará siendo el modo de introducir piezas de audio en tu blog, independientes o complementarias a un artículo escrito y evolucionará a una emisión regular de tipo radiofónico, con entrevistas, reportajes, solicitación de opinión o coberturas informativas.

Si tienes tiempo, ganas, habilidad y un poco de suerte, tú solo, armado de esta plataforma informativa digital, llegarás a amplios círculos sociales, tu actividad periodística funcionará en red y cosecharás satisfacciones profesionales, culturales y personales incomparables con muchas otras. Porque el periodismo es la mejor profesión del mundo.

EMPIEZA A PRACTICAR

Experimenta con las redes

Si no lo has hecho ya, abre cuentas en Facebook y Twitter. Dedícale tiempo a explorarlas. Piensa qué te gustaría aportar.

Publica en ellas un enlace a un artículo de tu blog. Mira si recibe comentarios en Facebook o si te lo retuitean.

Comprueba si Google Plus te puede aportar algo más. Constata de cuanto tiempo dispones para navegar por las redes y publicar cosas en ellas.

Descarga una aplicación móvil de Twitter para tu teléfono o tableta y empieza a tuitear en movimiento.

Muévete por las redes con cuidado. Piensa como periodista y publica cosas de interés periodístico.

Dosifica el tiempo que dedicas a leer Twitter y Facebook y piensa si lo necesitas para producir material propio.

Crea listas de tuiteros a seguir en Twitter y círculos en Google Plus. Conviene tener diversas listas en Twitter para no perderse en el marasmo y centrarte en la gente que sigues.

Mantén siempre un bloc a tu lado cuando navegues por las redes y ten a mano Instapaper para seleccionar y anotar lo que te vaya a servir más tarde para escribir tus temas.

Ve creando una rutina de publicación regular y por franjas horarias en las redes y experimenta con la administración de todos tus medios en plataforma.

No publiques en las redes si estás enfadado o en un estado alterado de conciencia, especialmente por la noche.

Construye poco a poco pero sin olvidarlo un wiki con tu repositorio de conocimiento experto.

Haz que todo lo que aprendes y conoces en las redes, el wiki y todos los medios sociales se refleje en tu blog, de modo que aumente su calidad y se expanda en cantidad.

EPÍLOGO:
LA COMUNICACIÓN
Y EL APRENDIZAJE
CONTINUO COMO
MODO DE VIDA

Comunicar en la red no es ya un entretenimiento sino un modo de ocupar el lugar en el mundo que nos corresponde legítimamente.

Sí, el periodismo es la mejor profesión del mundo. Y el aprendizaje continuo es la mejor manera de vivir. Mientras te sigues preguntando sobre el sentido de la vida y lo que te depara el futuro, puedes hacer dos cosas ahora mismo: practicar la comunicación para descubrir el mundo y las cosas y aprender sin cesar de lo que descubres para crecer como persona. Si esto no te da la felicidad es bien seguro que te aproximará a ella.

Los que nos dedicamos a la comunicación y la educación creemos firmemente que la adquisición de habilidades comunicativas y su ejercicio es algo que nos hace poderosos. En un mundo en que las corporaciones, el imperativo económico y la organización (¿desorganización?) de la sociedad trata de reducirnos al silencio y la irrelevancia, construir la propia voz y hacerla oír en la red es un acto de civismo muy meritorio. Y es, además, un camino para profundizar en dotarse uno mismo de una vida significativa y digna de ser vivida.

La Unesco, organización de las Naciones Unidas para la Educación y la Cultura, tiene entre sus objetivos prioritarios la alfabetización digital y en medios de comunicación. Para las personas que en esta organización mundial tratan de impulsar un mundo más pacífico, más justo, más seguro y más sostenible, el que los ciudadanos sean cada vez más capaces de utilizar los medios de comunicación de manera crítica y de desenvolverse en la red para aprender, comunicar y cooperar es algo muy valioso, que nos confiere poder personal y grupal. Cada vez somos más quienes cooperamos con las iniciativas de alfabetización digital y en medios que propone la Unesco, y mi contribución ha sido este libro, que pone en manos de los lectores no ya un aprendizaje profesional o semiprofesional, o un entretenimiento tecnológico: un medio para animarles a ocupar el lugar que legítimamente les corresponde en el mundo.

Utiliza pues, lector, este breve manual como una herramienta de aprendizaje continuo. El que está aprendiendo todo el rato es alguien que no se aburre y que vive una vida con sentido. Aprender nos hace fuertes y nos ayuda a estar alegres. El aprendizaje continuo es recomendado hoy día por todos los educadores y científicos sociales como el mejor medio para combatir la abulia y el envejecimiento. También para convertir el entusiasmo juvenil en un medio para introducirse en el mundo. A lo mejor el recorrido que te he propuesto en este texto te lleva por caminos distintos a los del periodismo. No importa, al aprender a comunicar con calidad en la red podrás desarrollarte en cualquier campo que sea de tu interés. Lo importante es mantener la curiosidad y cada mañana, al levantarte de la cama, salir a explorar ese estimulante universo que internet nos trae. Vivos, alegres y críticos, el mundo nos pertenece.

Muchos de los contenidos de este libro han surgido de la tarea que realizo en el Gabinete de Comunicación y Educación de la Universidad Autónoma de Barcelona, que está dirigido por José Manuel Pérez Tornero y coordinado por Santiago Tejedor, con Gloria Baena, y de cuyo comité científico formo parte, así como del equipo docente de la asignatura Escritura periodística en multimedia e informativos, compuesto por Santiago Tejedor, Xavier Ortuño, Mireia Sanz, Santiago Giraldo, Òscar Coromina y Gabriel Jaraba.

Descubrirás muchos recursos sobre comunicación y educación en la web del Gabinete: http:// gabinetecomunicacionyeducacion. com/.

BIBLIOGRAFÍA

Berners-Lee, Tim, *Tejiendo la red*, Siglo XXI, Madrid.

Cobo, Silvia, *Internet para periodistas*, UOC, Barcelona.

Fumero, Antonio, Roca, Genís, *Web 2.0*, Fundación Orange, Madrid.

—, *Twitter. Manual imprescindible*, Anaya Multimedia, Madrid.

Orihuela, José Luis, *Mundo Twitter*, Alienta, Barcelona.

—, *80 claves sobre el futuro del periodismo*, Anaya Multimedia, Madrid.

Pisani, Francis, Piotet, Dominique, *La alquimia de las multitudes*, Paidós, Barcelona.

Piscitelli, Alejandro, *Internet, la imprenta del siglo XXI*, Gedisa, Barcelona.

Salaverría, Ramón, Díaz Noci, Javier (coords.), *Manual de redacción ciberperiodística*, Ariel, Barcelona.

Sandiumenge, Lali, *Guerrillers del teclat*, La Magrana, Barcelona.

Tejedor, Santiago, *Ciberperiodismo. Libro de estilo para ciberperiodistas*, Itla, Santo Domingo.

Ugarte, David dem *El poder de las redes*, Libros del Cobre, Madrid.

Taller de escritura

LA NOVELA CORTA Y EL RELATO BREVE
Mariano José Vázquez Alonso

Una creación literaria construida en forma de relato breve o bien como un cuento puede ofrecer una dosis de expresividad y vigor mayor que cualquier aclamada novela. Grandes escritores de todas las épocas han empleado esta técnica para desarrollar magníficas historias condensadas en unas pocas líneas. Pero para dar relevancia a una trama a partir de un número reducido de personajes y con un argumento aparentemente sencillo es necesario no sólo volcar toda la riqueza expresiva sino también dar la dimensión y el sentido justo al relato.

CÓMO ESCRIBIR EL GUIÓN QUE NECESITAS
Miguel Casamayor y Mercé Sarrias

Un guionista es la persona encargada de confeccionar un guión, ya sea para una producción cinematográfica, televisiva, una webserie, una sitcom, etc. Los autores de este libro —guionistas profesionales con años de experiencia— ponen al descubierto cada uno de los elementos básicos e imprescindibles para escribir un buen guión: la historia, la construcción de personajes, las tramas… y todo ello plagado de intuiciones, comentarios, reflexiones y ejemplos para hacer esta guía una útil herramienta de trabajo con el fin de que todo aquel que quiera convertirse en guionista y no sepa por dónde empezar halle aquí todas las respuestas.

- ¿Se pueden crear situaciones inverosímiles ante los ojos del espectador?
- ¿Es lo mismo conflicto que tensión?
- Mostrar o decir: Imagen o palabra.
- Cómo crear el perfil de un protagonista (o el de un mosaico de personajes)
- El clímax, la escena sobre la que confluye todo lo que estamos planteando de la historia..

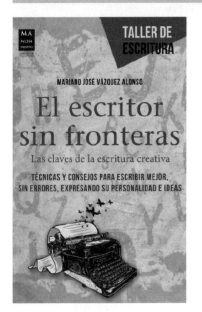

EL ESCRITOR SIN FRONTERAS
Mariano José Vázquez Alonso

Este es un libro con vocación de ayudar tanto a quienes han hecho de la escritura su profesión como aquellas otras personas que tienen como meta plasmar una brillante idea en forma de novela.

A través de detalladas técnicas el lector encontrará la manera más fácil y directa de encontrar un tema adecuado, desarrollar una trama, construir una localización, dar rasgos de verosimilitud a un personaje o dar con la palabra precisa que le ayudarán a construir su propia voz.

- Escoger el lenguaje adecuado.
- Diferencia entre trama y argumento.
- ¿Narrar en primera o en tercera persona?

EL VIAJE DEL ESCRITOR
Christopher Vogler

El viaje del escritor se ha convertido en un auténtico clásico y en obra de referencia entre los guionistas de todo el mundo. Miles de escritores de reconocido prestigio, cineastas, guionistas y estudiantes de numerosos países han comprobado ya el potencial creativo de las propuestas de CHRISTOPHER VOGLER, ya que éstas van más allá del mero consejo para el diseño y la resolución de historias y hablan a cada escritor de una manera diferente. Partiendo del concepto antropológico y mitológico del «viaje del héroe» (desarrollado por Joseph Campbell y Carl G. Jung), Christopher Vogler relaciona las estructuras míticas y sus mecanismos con el arte de escribir obras narrativas y guiones de probada eficacia. Con El viaje del escritor, los escritores descubrirán, paso a paso, las líneas maestras necesarias para la estructuración de los argumentos y la concepción de personajes realistas.

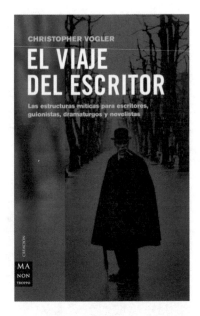